文春文庫

日本は悪くない

悪いのはアメリカだ

下村 治

文藝春秋

文庫版序文――なぜ今、下村治なのか

神谷秀樹《みたにひでき》

『日本は悪くない――悪いのはアメリカだ』が文庫本として復刊され、今再び多くの人に読まれることになるというのは、素晴らしく、かつ極めて重要なことである。二十年以上前に書かれた本書にこそ、日本が今日これから進むべき「正しい道」が示されている。

世界経済が現在、大恐慌以来の危機を迎えていることを疑う者はいない。本書の標題通り、「アメリカは悪かった」のである。しかし悲しいことに「日本は悪くなかった」とも言えない。下村治の言葉に耳を傾けず、日本もアメリカに追随し、「やはり道を間違った」というのが正当な評価であろう。しかし、アメリカも日本も、道を正すときが来た。

二〇〇八年十一月四日、アメリカ国民はバラク・オバマを圧倒的な支持でもって大統領に選んだ。それは、今まで自分達の声が聞かれるとは信じることの出来なかったマイノリティーや、これからの時代の建設に参加しようという意思を持った学生達が、草の根運動でもたらした結果であり、まさに民主主義の力を示したものである。この日を境に、この国の進む方向はすっかり改められると確信する。

強欲に支配されたウォール街に背を向け、傲慢の極みであるイラク戦争からも撤収に向かう。オバマの登場は、欧州の人々からも、ケニアをはじめアフリカ諸国の人々からも大歓迎された。国のイメージが変わる。世界の中で民主主義の手本とされ、尊敬され、憧れられた本来のアメリカの姿に戻って行くことが出来るかもしれない。アメリカ人自身、「自分達の意思で、自分達は国のあり方を変えることが出来る」という強い自信を持った。この大恐慌の危機に瀕した困難の最中、アメリカ国民は最も重要な国の再建への自信と、連帯感を取り戻すことが出来た。選挙を通じて、国民の心を纏《まと》め上げてきたこと自体が、既にオバマの大きな貢献である。

このようなとき、日本人も「自分達はいったい何処から来たのか。そして何処へ行こうとするのか」を自分自身の心に問い、自分自身の頭で考えなければならない。そのとき、一番良い指針を与えてくれるのが、下村治が誰にでも分かる言葉で書いた本書であると確信する。

下村が言っている経済の基本は「健全性」である。人も、国も、借金と浪費に依存し、砂上の楼閣を築くような経済運営をせず、身の丈にあった健全な生活をしなさい、と説く。数字を追いかける経済運営を戒め、縮小均衡すること、ゼロ成長時代に適応できる経済運営体制を考えなさいと説く。人口が減少し始め、資源に限界があり、環境問題に配慮せずにはいられない現代日本において、これは当たり前のことである。

下村は「日本人が日本人であること」を止《ゃ》める必要など全く無いと主張する。勤労に励み、物造りに精を出し、働いて得たお金を貯蓄に回す健全な価値観を尊重する。この価値観こそ日本人が今取り戻すべき最も重要なものであり、また欲を言えば、筆者は日本人に、この価値観を世界に伝えて頂きたいとさえ希望する。それこそが、日本人の世界経済に対する最も根本的かつ重要な貢献になるし、また日本人に対する尊敬の念を獲得することにも繋がると考える。

世界経済は、ウォール街の強欲と拝金主義とに余りに永い間、引きずり回されてしまった。ウォール街が自爆するまで、そんな経済運営をし続けてしまった。「今日の得は僕のもの。明日の損は君のもの」、「借金して遊ぶのは僕。返すのは君」というような考え方が賢いこととさえ思われるような時代があった。規制を緩和し、自由勝手にさせれば、経済は成長し、税収は増え、生活が豊かになり、「国が強くなる（強いアメリカ）」という幻想がレーガン以来信じられ追求された。その結果は信用の輪がズタズタに切れ、小さな政府どころか、何もかも政府（納税者）が丸抱えしなければならないほど「大きな政府」を創ることに終わった。日本についても、レーガンや、彼らの言うことを聞いた前川リポート以来の考え方が正しかったのか、それとも下村が正しかったのか、結果は見事に出ている。

さて、これから先、日本はどうするのであろうか。経済社会のあり方を、下村が言うように根本的に改めなければいけないのに、未だ政府は「壊れた水瓶を元に戻そう」というような、愚かな発想に留《とど》まってはいないだろうか。身の丈にあった生活に改めなければいけないときに、「国民が浪費しないならば、政府が代わって借金し、浪費を続けよう」というような発想でいはしないだろうか。国民が貯金しようというときに、現金を配って、浪費を続けろと煽るようなことをしていないだろうか。

今、政府も、企業も、国民も、自分達の心を見つめ、日本人の価値観を確認し、自分達が望む社会とはいったいどんなものであるのか、そのビジョンを描くべきときにある。下村が遺した本書には、この点において、日本の将来を開く鍵がある。

本書を後世に遺してくれた下村博士に感謝しつつ筆をおく。

二〇〇八年十一月

みたに・ひでき　一九五三年、東京生まれ。七五年、早稲田大学政治経済学部卒業後、住友銀行入行。八四年、ゴールドマン・サックスに転職。以後ニューヨーク在住。九二年、ロバーツ・ミタニ・LLCを創業。著書に『強欲資本主義　ウォール街の自爆』（文春新書）、『ニューヨーク流たった5人の「大きな会社」』（亜紀書房）、『さらば、強欲資本主義』（同）がある。

まえがき

五百二十四人乗りの日航123便が操縦不能に陥り、群馬県の山腹に墜落したことを知ったとき、私は、犠牲者の方には申しわけないが、それとはまるで関係のない、あることを連想していた。その連想とは何か。

アメリカ経済の〝墜落〟である。おそらく、アメリカの経済が崩壊するときは、あの日航機のように、操縦不能の状態が長い間つづき、やがて、完全に揚力を失って墜落、崩壊するのではないか――私のまぶたには、そういうおそろしい情景が日航機事故と二重写しになったのだ。

どうして、このようなおそろしい想像が、私を襲ってきたのだろうか。

それは、アメリカの経済が、今まさにそういう状況に陥りつつあるからだ。

今のところ、同国の経済は、一進一退である。アメリカ人はもっとよくなると期待していたようだが、期待どおりには行っていない。その理由は、政府筋がやたらに並べたてている楽観的な見通しとは違って、経済を上向きに動かす推進力がどこにも見当たらないからだ。

ところが、当のアメリカ人は、そうは見ないで、内需は伸びているので経済そのものは良好な状態だが、輸入が伸び過ぎているためこれに食われてしまっている、という言い方をする。しかし、これはメチャクチャな理屈である。

経済論としては何の根拠もない。議論としてみても、いかにも浅薄である。考えてみよう。どうして内需が活発なのに輸入が伸びすぎるのか。それは、国内に内需を満たすだけの生産力がないからだ。消費ばかりが伸びて、消費が伸びたとたんに輸入が増えるような経済になっているからだ。ここに根本的な問題がある。

にもかかわらず、根本的な問題にはいっさい目を向けようとしないのが、当のアメリカだ。悪いのは日本だとばかりに、声を大にして日本を非難ばかりしている。

一方、日本の方も、言うべきことをきちんとアメリカに言わない。そればかりか、アメリカに何か言われると、ただただ頭を下げてばかりいる。

こんな状態では、いつになっても日本とアメリカの間での貿易摩擦は、解決されるはずもない。

今こそ、日本もアメリカも問題の根本を正しく見つめ、正しい解決に向かって歩みを進めなければならない。

昭和六十二年三月

下村　治

日本は悪くない　悪いのはアメリカだ【目次】

単行本　昭和六十二年四月　ネスコ刊

＊本文内の組織の名称、人物の肩書きなどは、
単行本刊行当時のままとしました。

日本は悪くない

悪いのはアメリカだ

第一章　世界的経済不安定の元凶は日本ではない

レーガン大統領の大減税がすべての発端

レーガン大統領が、強いアメリカの再建という期待を担って登場したのは一九八一（昭和五十六）年である。

当時の状況はどうかというと、軍事面では、軍縮に力をいれたカーター政策のおかげでソ連に追い越されかねない状態であり、かといって軍備を増強しようにも、財政赤字のため八方ふさがりの状態だった。

そこでレーガン大統領が強行したのは、レーガノミックスと呼ばれる一連の経済政策だ。その柱は、大減税による経済の活性化ということだった。

〝成果〟は間もなく現れた。

まるでわれわれの心配をあざ笑うかのように、アメリカ経済は力強く、大きく成長していったのである。

たとえばレーガン政策の影響が出てくる八一年から八五年の五年間をみると、アメリカのGNPは三兆ドルから四兆ドルへと、実に一兆ドルも増えている。名目では三〇パーセント強、実質で一三パーセント以上の増加である。

年間の成長率が実質四パーセントだから、急激な経済拡大と言えるだろう。また、アメリカの経済が拡大し、国内需要が活発になれば、アメリカを主要な輸出先にしている日本の景気を刺激する。

事実、石油ショックからようやく立ち直っていた日本の経済は、対米輸出の急激な増大によって、再び力強い成長過程に入ったかにみえた。ところが、ここへきて急に雲行きがあやしくなってきた。

レーガン大統領は、当初、経済を活性化することによって税収を伸ばし、それによって財政赤字を解消する計画だったが、実際には、財政赤字はますます膨脹する一方であり、その上、国際収支の大幅赤字というもうひとつの重荷を背負う羽目になってしまった。そして、もうこれ以上赤字を累積してはおれない事態にまで破綻をきたしたのだ。

それなのに、当のレーガン大統領は、責任を外部にもっていき、あたかもアメリカの国際収支赤字の元凶は日本であるかのように非難している。自分の経済政策が悪いために、財政も国際収支も赤字となる双子の赤字という深刻な状況を招きながら、責任を日本になすりつけているのだ。

しかし、どんなにレーガン大統領が日本を非難したところで双子の赤字が解消する見通しはない。

この問題を解決するには、レーガノミックスでやってきたのとは反対に、大増税をやって内需を減らし経済を縮小することによって輸入を削減するほかはない。つまり、レーガノミックスをはじめた八一年の水準に逆戻りするほかないのだ。

しかし、逆戻りするには、その過程で不況になることは避けられない。ところが、不況というのは、誰しもが望まないものである。

だから、不況にしないで事態を改善する方法はないか、というのがレーガン政権の願望となったのである。

世界中のどの国といえども、不況に転じるのを望むところはない。だから、現実問題として逆戻りはできないでいる。

しかし、それをやらなくて、日本や西ドイツにどんな協力をさせても、アメリカ経済の再建はむずかしく、事態はますます悪化するばかりである。

アメリカの輸入超過はなぜ起こったか

では、どうして私はそういう危惧をいだいているのか。

私は悲観論者でもなければ楽観論者でもない。ただ、私が日頃から心がけていることは、物事を冷静に、偏見にとらわれずに見る、ということだけである。色眼鏡では決して見ないし、判断する過程で、こうあって欲しいとか、ああであって欲しいなどと自分の感情や価値観を込めたりはしない、あるがままを見て、あるがままに判断する。それだけである。そういう目でアメリカ経済を見た結果、私は、深刻な危機感をいだくようになったのだ。

では、アメリカ経済のどこが危機なのか。レーガンの経済政策のどこに狂いがあったのか。

まず、レーガン大統領が就任してから行ったことは、先に述べたように大幅な減税と財政支出の大幅増である。これによって内需を刺激した。つまり、アメリカ国民の購買力を高めたのである。

その効果はどの程度あったか。実は非常に大きなものだった。言うまでもなく、たとえば、一千億ドル減税したら一千億ドルの内需が出るというものではない。減税で家計が豊かになれば消費活動が活発になり、消費が活発になれば生産活動が増える、という形で波及効果が生まれ、その波及効果によって、減税額以上の内需が生まれる。

少しややこしい話をすると、たとえば一千億ドルの減税で二千億ドルの内需が出たと仮定しよう。この場合は、減税額の二・〇倍の内需が生まれたことを意味するが、この二・〇という数字を「乗数値」と呼ぶ。財政支出の場合も同じことである。

ところで、アメリカの場合の乗数値はどうかというと、二・〇よりやや小さい値ではないかと思われる。

この数字をあてはめて、レーガン大統領が行った減税と財政支出増による効果を計算してみるとどうなるか。

実に五千億ドル前後の内需増につながっている。その内訳は減税と財政支出増とがほぼ半々で効果をもたらしたようだ。

もちろん、このように内需が増えれば、経済活動が活発になり、税収は自然に増えはする。レーガン大統領もそれを期待していたのだ。つまり、歳出を増やし、減税をしても、それを上回る税収増が期待できる、と計算していたのである。

その結果、財政赤字は解消される、と。

ところが、その目論見が大きく狂ってしまった。

財政赤字は当初六百億ドルだったのだが、それがどんどんふくれて、とうとう二千二百億ドルになってしまった。思ったほど税収増がなかったからだ。

しかも、深刻なことに、当初はまったく心配していなかった国際収支までがおかしくなった。すなわち、レーガン政権が発足するまでは、輸入超過が三百億ドルに対して貿易外収支が三百億ドルの黒字と、ほぼ均衡状態をずっと続けていたのだが、レーガン政策の後はこの均衡がくずれてしまい、今では毎年一千四百億ドルの赤字を出すようになり、しかもその額は減りそうにない。

その結果、とうとう八五年に対外債務額が債権額を上回り、対外債務超過国になってしまったのである。

ところで、どうしてこういうことになってしまったのだろうか。それは、アメリカ政府当局の頭の中に、拡大均衡の可能性が当然のこととして組み込まれていたのに、それが実現しなかったからである。

●対外債務超過国・対外債権超過国　国際収支が赤字の発展途上国や、工業化のために積極的に投資を行ってきた国は累積債務をかかえ、債務超過国になっている。主な対外債務超過国はアルゼンチン、チリ、ブラジル、エジプト、インド、インドネシア、韓国、メキシコ、トルコ、ベネズエラ、ユーゴスラビアなどである（一九八七年時点）。しかし、この中についにアメリカも入った。

対外債権超過国とは累積債権が累積債務を上回っている国で、債権国ともいう。外国に対して資金を供給しているため資本輸出国とも呼ぶ。昭和五十九年末での邦銀の対外資産は、国際融資総額の二一パーセントを占めた。米銀のシェアは二八パーセントだが、実質的には邦銀が米銀を抜いてトップに立ったとみられている。この点からいってもアメリカの凋落がうかがえる。

拡大均衡というのは、政府が減税その他の方法を講じて購買力増強の措置をとればその結果として需要が喚起され、国内産業も活発になり、政府の減税額を上回る税の自然増収が生じるという考え方である。

国内という場面でもう少し具体的にみてみると、減税による購買力の増強措置が徐々に波及して行くとその結果として、国内需要の自発的増加が誘発される。そして、新しいフロンティアが開拓される。それが経済の成長を生み出すのである。その結果、税の自然増収が、追加購買力をつけるために行った最初の減税分を大きく上回るようになり、財政上の問題は解消する。

対外的な場面ではどうなるかというと、購買力増強の措置をとるわけだから、輸入が増加する。しかし、輸出の増加は発生しないから、輸入超過が成立することになる。

しかし、こうして外国に流れ出た購買力は、輸出が増加する国において新しい自律的な経済活動を誘発する。それがその国の輸入増加をも誘発することに結びついていく。こうして生じた輸入が、やがて最初の輸出増加分に追いつくことによって、国際収支の均衡が回復される。

国際的にも国内的にも、均衡はこのようにして無事成立する。これが拡大均衡の考え方である。

一般的な経済の自律的均衡の可能性を信ずるあまり、レーガン大統領は拡大均衡の理論通りの動きが、実際の経済に現れるものと信じていたように見える。だからレーガノミックスの強行によってアメリカの財政は均衡を回復し、国際収支は黒字のまま四年間無事に推移するものと考えたのであろう。

しかし、事態はレーガン大統領の目論見通りにはならなかったのである。

政府の膨脹政策は、購買力を、政府から末端に向かって一方的に流すという形を生みだしただけに終わったのである。

財政支出は増え、税収は減税のため減った。だが、自然増収を生み出すような経済活動の拡大は生まれない。

輸入は激増したけれども、輸出はいっこうに増えない。したがって、国際収支は年々異常な赤字に転化するほかなくなったのである。

取引全体をみれば数量は拡大したけれども、経済の基本条件は赤字になった。なぜなら、拡大均衡の条件がなかったからなのである。

日本経済についていえば、このことはもっとはっきりしている。

昭和三十五年度から四十五年度の十年間は、いわゆる所得倍増の期間である。この間GNPは年平均一一・三パーセントの割合で伸びている。十年間の長きにもわたってこのような急成長を遂げたにもかかわらず、経済がきわめて円滑に安定的な成長軌道をたどりえたのは、当時の日本経済、世界経済が拡大均衡の条件を備えていたからである。

GNP成長年率平均一一・三パーセントを根本のところで推進したものは、一四・八パーセントにものぼる設備投資の伸び率であるが、これとあわせて他のすべての項目も似たような割合で伸びている。

住宅建設一五・一パーセント、在庫投資一五・二パーセント、政府支出は九・七パーセント伸びている。政府支出の伸びのうち、固定投資が一三・四パーセント、個人消費九・〇パーセント、特に、輸出は一五・六パーセントの伸びに対して輸入は一四・五パーセントであった。

当時の日本経済がいかに国内的にも国際的にもバランスのとれた成長を遂げたか、一目瞭然である。

これは当時の日本経済、世界経済が拡大均衡を許す条件下にあったからに他ならない。しかし、今の時代、経済に拡大均衡を許す条件は備わっていない。昭和五十七年を基準にすると、六十年の輸出は三〇パーセントも高くなっているが、これにつれて設備投資二六パーセント増がきわだっているだけで、他の項目には見るべき拡大はでていない。

そのために輸出が三〇パーセントという激増にもかかわらず、輸入は五・三パーセントしか伸びず異常な輸出超過となった。日本経済に拡大均衡の条件がなく、経済が動かなかったからである。

拡大均衡の条件がないところで、どのように政府が購買力の拡張努力をしても、そこから均衡のとれた活力のある経済状態が生まれるわけはない。アメリカ経済の失敗はそのことを実証している。

しかし、アメリカ政府当局は、自分の国では失敗したが、他の国だったらうまく行くにちがいないと考えているようだ。

それが、今の日本及び西独に対する内需拡大要求の背景である。しかし、アメリカがやってできなかったことを、日本と西独ならやり遂げられるというのも勝手な話だ。そんな根拠はどこにもみあたらない。アメリカがひきだせなかった拡大均衡の条件を、日本と西独ならひきだせるとでもいうのだろうか。

アメリカのマーシャル・プランが戦後成功したのは、当時のヨーロッパが戦争の荒廃からの回復の意欲に燃えており、経済そのものに全般的に拡大に向かっての強い意欲が

●マーシャル・プラン　アメリカの戦後の国務長官、ジョージ・マーシャル（一八八〇〜一九五九）が提唱した西欧復興計画のこと。第二次世界大戦で戦場となった西欧の復興のために、アメリカが大規模な経済援助をきめたもので、戦後の資本主義の再建に、決定的な役割をはたした。アメリカの戦後の援助政策の中心は、一九四七〜五二年にかけての、このマーシャル・プランによる西欧復興におかれた。

働いていたからにちがいないのである。

いまの時代にはそれがない。だから、レーガン大統領の大膨脹政策にもかかわらず、拡大均衡が生まれなかったのである。

状況は何ら変わっていないのに日本や西独などそれを推進する政府が変わったところで、もたらされる結果が変わるわけはない。結果は似たようになるだけである。

経済の根本的な条件のちがいに、もっと冷静な目を向けるべきである。

消費狂いになってしまったアメリカ人

さらにアメリカの失敗の原因として、経営者も労働者も狂っているということを挙げることができる。

まず、経営者は、血まみれになって産業を起こそうとか、維持しようという意気込みが弱い。

ベンチャービジネスにしても、適当なところでもうけてあとは売ってしまおうと思っている。日本の、たとえばソニーや松下のように、小さな町工場から興して、だんだん大きくしようという意欲が薄いのだ。

大企業の経営者も、事業家というより雇われ経営者で、目先の利益だけを考えて、何かの仕事に命運を賭けるという発想がない。

こういうわけだから、設備投資の意欲も薄いのである。

なるほど設備投資金額の動きをみると、アメリカは旺盛な投資意欲をもっているようには見える。しかし、そう見えるのは、レーガン政権が登場した当時があまりにも悪すぎたからだ。

また、設備投資の背景を注意深く見てみると、産業を興すためや、生産力を増強して国際競争力を高めるなどという、積極的な設備投資ではない。そうではなくて、カネがあるから使うという、非常に受け身の設備投資にすぎない。

すなわち、アメリカ産業界の手元資金は一九八四年の第三・四半期頃から急増していった。その理由は何かというと、レーガン大統領の大減税によって消費主導経済が急膨脹し、一方では投資減税が実施されたからだ。

つまり、まず産業界に設備投資意欲があって、その意欲を満たすために資金を何らかの方法で調達し、その結果、設備投資が活発になったというのではなく、逆に、おカネがあり、また、政府もせっかく優遇措置をとっているから、格好だけでも設備投資をやらなければ損だ、という極めて消極的な設備投資にすぎないのである。

これでは設備投資が設備投資を生むという、持続的な増加は期待できない。つまり、アメリカ産業が生産の面で成長力を蓄積しているとは思えないのだ。

しかも、投資の内容はというと、他の会社を合併したり買収したり、というケースが多く、五年先十年先を見越して、企業の将来性を強化しようというような設備投資は少ない。特に製造部門ではそうだ。

また、そういう経営者がいたとしても、工場をつくる場合は韓国や台湾など賃金の低い地域に脱出している状態であり、アメリカ国内での工場建設はきわめて少ない状況なのである。

これでは内需が増えても産業活動が活発になるわけがなく、輸入ばかり増えるのは当然といえる。

また、いま述べたことと裏腹の関係であるが、アメリカ経済はまったくの消費経済になってしまっている。消費狂いなどという表現をする人もいるが、本当に消費狂いのように消費ばかりをする経済になっている。

このように消費ばかりする経済は、放っておいても輸出が増え、輸入が減るなどという状態にはならない。

ひところ、ドル高円安がつづき、アメリカの輸入が増えて輸出が増えないのは為替レートのせいだ、という意見が多かった。

もちろん、ドル高になれば輸出はしにくくなる。だから、影響がないわけではない。農産物などはモロに影響を受けたし、機械工業もだめになった、化学工業もだめだ、と言われるようになった。そして、アメリカが最も得意とするエレクトロニクスでさえ、国際競争で押され気味になった。

アメリカの産業全体がおかしくなったのである。

ところが、それではというので、今度は円高ドル安が演出された。しかし、為替レートをいじっても事態が解決するはずがない。

なぜなら、まず異常なドル高があって、そのためにアメリカの異常輸入が誘発されたのではないからだ。実際はその逆であって、まずアメリカ経済の異常な輸入基調がレーガノミックスによって作り出され、それに異常高金利と異常ドル高が組みこまれて悪循環を招いているのである。

つまり、アメリカの異常な経済運営に原因があるのだ。

アメリカ経済の異常さを誰も指摘しない不思議さ

では、今のアメリカ経済をそのまま放置していれば、どういう事態になるだろうか。

前にも指摘したように、アメリカはとうとう国際的に債務超過国に転落した。以前から、このままいけばアメリカでさえ債務超過国に転落するおそれがある、といわれていたそのおそれが、とうとう現実化したのだ。

しかも、急激に悪化した。

わずか三年前、つまり一九八四年までは債権超過国だった。そしてその前の八三年は、大変な債権超過国だった。その額は一千四百億ドルから一千五百億ドルだったのだ。したがって、アメリカが債務超過国になるなどとは信じられなかった。

ところが、わずかの間にアメリカの経常収支は一千四百億ドルの赤字を出し、それまでの債権を全部食いつぶしてしまった。そして、八五年になると、毎月毎月、百億ドル以上の経常収支赤字を計上するようになり、時とともに債務超過が累積するようになったのである。

おそらくこのままいくと、やがては一兆ドル以上の債務超過国になってしまうかもしれない。

となると、このような債務をアメリカに返済する能力があるのだろうかという疑問が出る。元金どころか利息を支払うのにも、国際収支が黒字にならなければどうにもならない。

しかも、将来をどのように楽観的に見ても、今の状態で債務超過から債権超過に転換する見通しはない。アメリカの経常収支が黒字になる可能性はないのである。

そして、逆に、これまでのように世界中のカネがアメリカに向かって順調に流れつづけるのかどうか、ということが問題にならざるをえない。

そういう疑問がなにかの拍子に爆発するかもしれないのである。また、それと思わせる状態が切迫してもいる。ドル暴落説は、ドル高円安の時からずっとささやかれ、今でもささやかれつづけているが、その背後にはこういう問題が潜んでいるのだ。

このように、いつか爆発するかもしれない事態を放置できないことは、誰の目にも明らかなことである。ひとたび爆発すれば、世界経済に大きな打撃を与えるし、その後始末には大変な困難がつきまとう。

ところで、その事態解決のために、アメリカ人はどう考えているのだろうか。

信じられないことだが、当のアメリカ人はレーガン大統領を筆頭に、経済は順調にいっていると思っている。ベーカー財務長官などは、ドル高のときは為替レートがおかしい、為替レートを直してドル安にすればアメリカの赤字はすぐなくなる、と言っていた。

ところが、実際に為替レートをドル安にしたところがいっこうに赤字は減らない。そうしたら、今度は言い方を変えて、為替レートだけでは駄目だ、どうしても基本的政策、経済調整をやらなければいけない、と言いはじめた。

もちろん、経済調整するということ自体は基本的に正しい。しかし、どうやるかというと、すかさず、日本と西独が内需拡大をやれ、と問題を外部に持ってくる。責任を外国にかぶせてしまう。

これまでも述べたように、最大の問題はアメリカの経済運営の狂いにある。この点に根本の問題がある。だから、ベーカー長官はまず第一に、アメリカの経済運営を是正して、赤字をなるべく早くゼロにするために努力する、というべきである。しかし、この点については一言もいわない。

どうしてなのか。

アメリカ人が問題の本質を把握していない、あるいは、把握しようと努力しない、あるいは、ことさらに目をそらしている、ということであろう。

自動車メーカーのクライスラー社を再建したアイアコッカは、その点を次のように指摘している。

「すべてが始まったのは、供給重視の経済学を信奉する人々が主導権を握り、減税すれば歳入が急増し、財政を均衡させるばかりか、軍備増強もできると主張した時からである。うまい話に聞こえたが、唯一の問題は筋が通らなかったことである。……なぜ、レーガン大統領は均衡予算案を提出しないのか、私にはわからない。その試みすらしていない。しかし、レーガン政権だけを非難できない。議会も自己ぎまんというこの陰謀に大きく加担している。……われわれ（国民）もまた見て見ぬふりをしている」（昭和六十一年九月十五日『日本経済新聞』）

つまり、レーガンが間違ったとはっきり言っているのだ。この他にも同じように指摘する人がいないことはない。

しかし、きわめて少ない。アメリカの代表的な経済学者であるポール・サミュエルソンにしても、アメリカの経済成長を「奇妙な成長」などと言っているが、レーガンの間違いとは言わない。なんとかへ理屈をつけていい加減なことを言っている。

おそらく、レーガンにはばかって本音をはっきりとは言わないのであろう。また、自分たちが間違ったと言うことはプライドが許さないのかもしれない。

そうして、日本や西独に責任を押しつけるわけである。

虚構に虚構を重ねるレーガンの経済政策

その最たるものが、レーガン大統領が一九八六年に出した予算教書である。これを見れば、アメリカ人がいかに問題を本気で考えていないかがわかる。

この教書は、六年目には財政が赤字から黒字に転換すると、きわめて楽観的な見通しを述べているのだが、その通りにいけばこれほど望ましいことはない。しかし、そのためにどういう経済が想定されているかというと、経済成長は当初は四パーセント前後で推移し、少しずつ下がって最後は三パーセント程度になるという。

この程度の成長がつづけば、税収が自然に増えて、あまり無理しなくとも財政赤字は解消される、と強弁している。

しかし、この理屈は少し考えただけでもおかしい。

これまでのアメリカ経済は八三年から八五年の三年間にわたって平均四パーセントの成長を続けてきた。しかし、この成長率をそのまま受け入れることはできない。なぜなら、その前の年である八二年は経済が異常に落ち込んだため、表面上の伸び率が大きくなったからだ。

そこで、期間を一年延ばして八二年から八五年の四年間の平均成長率をとってみると、二・四パーセントにしかならない。しかも、これを達成するために財政を大きく膨張させ、一方では大幅な減税によって内需を刺激した。

その結果、財政赤字を生んだことは前に述べた通りだが、このように無理に無理を重ねてやっと二パーセント強の成長を達成したにすぎないのだ。したがって、普通の感覚なら、今度は財政の赤字を抑制するのだから、これまで通りに二パーセント以上の成長は望めない、と考えるべきであろう。一パーセントか一パーセント未満か、それともゼロ成長か、と想定するのが常識というものだ。

それなのに、予算教書では、財政均衡努力をしながら、なおかつ年率四パーセントもの経済成長が可能だとしている。

これは荒唐無稽な想定である。まともな経済論の目でみると、とんでもない想定と言わざるをえない。

このようにメチャクチャな考え方をしていて、相変わらず、下期にはよくなるとか、来年はよくなるなどと言っているが、これは単なる楽天論であって、なんの根拠もない。気休めにすぎない。

では、実際はどうなるか。本当は経済成長どころか今に現状維持でさえむずかしくなる。

なぜなら、これまでの成長そのものが基礎がしっかりしない、砂上の楼閣だからだ。中身がカラッポな拡大にすぎず、借金に借金を重ねて水ぶくれした状態にすぎないからである。

したがって、こういう経済はいずれ破綻する。また、くずさなければならなくなる時期がくる。なぜなら、水ぶくれした部分を抱えたまま、これから五十年、百年と強固に存続する経済をつくることは不可能だからである。いずれ、このカラッポの部分を切除して、実質のある経済にしなければならない。

再出発が必要なのである。

しかし、レーガン教書は、虚構に虚構を重ねようとしている。

日本の市場を開放しても問題は解決しない

どうも最近は外国品を輸入することは美徳であるかのような風潮が出てきている。中曾根総理が先頭になってこの風潮をあおっているのだが、これまで輸出の尖兵だった商社マンも、攻守ところを代えて、何を輸入するかに頭をしぼっているありさまだ。

たとえば、ある商社ではアメリカとヨーロッパからの輸入を増やすために、駐在員の家族のおシリをたたいて、一家族が必ず一つ以上の商品を見つけて日本に紹介するという社内キャンペーンをやっているそうだ。どうしてこういう運動をやるかというと、貿易摩擦を少しでも解消するためにいざ何かを輸入しようにも、日本で売れそうな商品がなかなか見つからないからだ、という。

この涙ぐましい努力を前にして恐縮だが、私は、こういう努力がまったく無意味とは言わないまでも、目下の問題である対米黒字問題には何の影響も与えないと思う。やってますよ、というジェスチュアになるだけである。

むしろ、日本国内に、輸入は美徳で輸出は悪徳だ、という風潮が定着してしまうことの方が心配だ。

日米摩擦問題では、なぜか多くの人が決定的な誤解をしているようである。どういう誤解かというと、問題の本質は、日本経済が国際収支で黒字を出してしまう構造になっていることであり、その原因は市場の閉鎖性にある、だから、市場を開放すれば問題は解決する、というものである。

しかし、本当に日本の経済は黒字体質なのだろうか、黒字を宿命づけられた構造なのだろうか。

日本の国際収支をみると、どう考えてもそうは言いきれない。

たとえば、問題になっている輸出超過だが、日本の高度成長が実を結びはじめた昭和三十六年から、昭和五十七年までの二十二年間についてみると、この間には、黒字もあれば赤字もある、という形で推移している。

そうして、この間に蓄積した黒字総額は三百五十億ドルである。

好調な二十二年間の経済活動の、これが〝成果〟なのである。年間平均に直すとわずか十六億ドル強にすぎない。また、日本経済が本当に力をつけた昭和五十六、五十七年についてみても、黒字額はそれぞれ四十八億ドル、六十九億ドルにすぎず、GNPに占める割合も、それぞれ〇・五パーセント、〇・六パーセントにしかならないのである。

ところが、昭和五十八年にいきなり二〇八億ドルの黒字が出た。そして、五十九年には、わずか一年の間に、三百五十億ドルの黒字が出たのである。これは、日本が過去二十二年間にわたって営々と築き上げてきた黒字累計と同額になるのだ。

しかも、その数字は減るどころか、どんどん増えており、昭和六十年にはなんと四百九十二億ドルになっている。

このように、昭和五十八年に突然の変化が起こって、その前の二十二年間にはなんの変化もなかった、ということは何を意味するのだろうか。これは、日本経済の構造の問題なのだろうか。

もし、現実的な経済認識をもち、偏見なく問題探求をする人であれば、すぐさま経済構造を問題にするより、むしろ、どうしてこういう変化が起こったのか、というように考えるはずである。

黒字がなかなか減りそうにないからこれは構造の問題だというのは、構造という言葉を安易に使いすぎているし、そのため、問題の所在を見誤ってしまう。むしろ、現在の黒字問題は、一時的な現象とみるべきである。

もちろん、私も、年間四百九十億ドルもの黒字を計上しているということは、その背景には、そういう黒字をうみだす経済的な「構造」があることは否定しない。アメリカをはじめ世界からドルを稼ぎまくる強力な輸出産業が日本に成立していることは事実である。しかし、そういう姿を経済構造と思うのは、勘違いだ。

たとえば、朝鮮動乱のときにもこういう現象があった。

昭和二十五年に朝鮮動乱がはじまって、それまで青息吐息だった日本経済は、特需ブームで潤い、非常な活況を呈した。そのため、国際収支もそれまでの赤字状態を脱して、なんとか均衡状態になった。

ところで、その均衡状態だが、これを日本経済の構造であると判断するか、それとも一時的な現象であると考えるか。

これは現在の輸出超過問題と考え方は同じである。

ここで重要なことは、経済現象を判断する場合に必要なのは、単に現象を静止した状態で見てはいけないということだ。動いているものとして見る必要がある。

つまり、何が原因で、何が結果であるか、ということを見分けなければならない。

ところで、朝鮮動乱での現象を見ると、日本の経済は特需を前提にして動いていた、特需依存の経済構造だった、ということは否定できない。こう言うと、気のはやい人は、だから構造の問題ではないか、と言うかもしれない。しかし、待ってほしい。

では、こういう現象はどうして生まれたのか、初めに何があったのかというと、それは特需である。初めに特需ありき、なのである。その特需を目の前にして、日本の経済は受け身的に特需に適応していった。

決して、最初から日本経済は特需依存を目標につくられ、経済構造そのものがそういう体質にできあがり、その結果として特需を取り込んだのではない。

あくまで、外から一時的に特殊な需要が殺到した結果、日本の経済はそれに適応したにすぎない。

ただ、もちろん、そういう適応の結果としてその姿は残る。まるで特需のために生まれたような企業が、特需が去ったあとでも残りはする。しかし、これをもって日本経済の構造的な条件が存在したとは言えない。

その証拠に、朝鮮動乱の特需が衰退し始めた昭和二十六年半ばごろからそのような企業がぞくぞく倒産し、失業者は町にあふれ、昭和二十八年に休戦協定が結ばれたときは、不況のどん底に陥った。

一時的に水ぶくれした部分が消え去ったのである。

現在の黒字問題も同じことである。突然、巨額の貿易黒字を計上するようになったのは、日本経済が、巨額の輸出超過を出すことを目標にしてつくられたからではない。

これまでの日本は、いかにして輸入超過にならないように国際競争力のある国内産業を育成するか、輸出能力をいかにして高めるか、ということに必死の努力を払い、ようやく成功しただけである。だから、二十二年かかってやっと三百五十億ドルの黒字しかたまらなかったのだ。

構造的に輸出超過をめざした経済運営が行われたのではない。

したがって、突然の黒字の原因は外部にあるとみなければならない。朝鮮動乱のときと同じく、外部からとつぜん巨額な輸出引き合いが押し寄せて来たために、日本の経済はこれに適応したにすぎないのだ。

その結果、大幅黒字となった。

したがって、この大幅黒字は、その突然の輸出引き合いが止まれば、おのずから解消せざるをえない性質のものであって、経済構造に根ざしているのではない。

ましてや、問題の解決のために日本の市場を開放するというのはスジ違いであり、なんの効果もないであろう。

第二章　アメリカの言いがかり

日本の輸出増加の原因はアメリカの輸入激増にある

前の章で、日本の巨額な国際収支黒字は、外部に原因があると述べた。

それではその外部の原因とは何か。朝鮮動乱の特需のような外的要因とはどういうものか。それは、声を大にして日本を非難しているアメリカそれ自身である。

確かに、日本の対米貿易黒字は年々巨額になっている。昭和五十七（一九八二）年は百数十億ドルにすぎなかったのが、五十八年には二百億ドル弱にまで伸び、五十九年は三百億ドル、六十年は四百億ドルと、猛烈な勢いである。そして、ヤイター米通商代表は、「米欧間衛星中継による記者会見で「一九八六年の対日貿易赤字は、史上最悪の七百億ドルになる」と悲鳴に近い声を上げている。

なるほど、これは異常な現象である。なんとか早期に是正する必要がある。

しかし、その原因はどこにあるのか。問題解決のためにはその点をまず明確にする必要がある。

もし、原因が日本の押し込み輸出にあったとしよう。その場合、相手の輸入増加分は日本の輸出増加分より小さいであろう。なぜなら、日本は一カ国にだけ輸出を押し込むのではなく、複数の国に押し込むため、それぞれの国の輸入増加分は日本の輸出増加分の一部分にすぎないからだ。アメリカの場合も例外ではないはずだ。

ところが、実際はどうなっているか。八三年から八五年の三年間をみると、日本の対米輸出の増加は三百億ドルである。これに対してアメリカの輸入増加は一千億ドルに達している。日本の輸出増加分は全体の三分の一にすぎないのだ。

この傾向は八六年も同じで、日本の対米黒字は七百億ドルになるといっても、アメリカ全体の赤字は二千億ドルと予想されており、やはり日本の黒字は三分の一にすぎない。

これは、いうまでもなく、この期間のアメリカの輸入増加はアメリカに原因があるのであって、日本にはないことを意味している。

その証拠に、円高によって日本からの対米輸出が数量面で減っても、その分を韓国や台湾が肩代わりしており、アメリカの輸入はいっこうに減っていない。

私がこのように説明しても、そうは言っても貿易摩擦はここ四、五年の問題ではないではないか、繊維を見よ、鉄鋼を見よ、自動車を見よ、という人がいると思う。そういう人にはレーガン大統領が登場する前のことを思い出していただきたい。

確かに貿易摩擦は以前からあった。繊維や鉄鋼は別として、石油ショック以降から昭和五十七年にかけての九年間に発生した貿易摩擦は、日本が集中豪雨的に世界中に輸出したのが原因である。これは明らかに、日本が能動的につくり出した輸出突出である。

これは、統計にも表れている。

昭和四十八年から五十七年までの九年間の、日本のGNPは年間平均で三・九パーセントの伸びを示している。ところが、輸出はどうかというと年間平均一一・一パーセントである。そうして、この輸出の伸びが、GNP全体の伸びの六割を占めている。GNPの伸びの半分以上は輸出増加に依存しているのである。

これは、明らかに異常な輸出突出型成長といえる。

しかも、他の国々は景気が低迷しているのに、日本だけが輸出突出によって成長をつづけた。このために摩擦が生じたのである。

ちなみに、その期間の主要国の年平均成長率を挙げると、次のようになる。

アメリカ一・八パーセント、西ドイツ一・六パーセント、イギリス〇・九パーセント、日本三・九パーセント。

明らかに日本だけが高い成長を示している。しかし、輸出突出がなかったとして、これを除いた成長率だけをみると一・四パーセントにすぎず、これは他の国と大同小異である。

したがって、この問題においては、日本が唯一の責任者であることは否定できない。

しかし、そういう状態ではあっても、国際収支黒字をみると、前述のように昭和五十六年で四十八億ドル、五十七年が六十九億ドルにすぎない。現在の四百億ドル、五百億ドルという数字と比べるとひとけた少ないのである。

したがって、日本の市場を開放するとか、内需をあわてて拡大するまでもない問題であった。繊維は鉄鋼のように自主規制をやるとか、ある程度まで為替を円高に調整することですんだ問題である。

ところが、昭和五十八年以降になると、状況が一変してしまった。前に述べたように、国際収支黒字がひとけた多くなったのだ。

このような現象も、やはり日本自身の輸出突出が原因と考えるべきなのだろうか。むしろ、日本自身の輸出突出とは別の新たな問題が発生していると考えるのが、普通の感覚であろう。つまり、一口に貿易摩擦といっても、日本の集中豪雨的な輸出突出と、アメリカの異常な購買力の膨脹による輸入増という二つの異質な局面があるのである。この点を見逃しては、問題をいたずらに複雑にするばかりで、本当の解決策が出てくるはずがない。

日本が加害者という意識を持つのは間違いである

ところで、不思議なことだが、現在の日米貿易摩擦について、あたかも日本が加害者であるかのように思っている日本人が多い。しかし、これはハッキリ言って間違いである。

たとえば、佐藤隆三氏はハーバード大学とニューヨーク大学の兼任教授で、第一級の経済学者だが、昭和六十一年一月十五日付『日本経済新聞』の経済教室の欄に次のように書いている。

「日米関係の将来のためにも、米国民の日本に対する癪《しゃく》の種を四つの争点に整理して、頭を冷やして対応策を練ることが、『加害者』日本の責任であろう」

日本は加害者である。その加害者たる日本が問題をよく整理して考えるべきではないか、と言っているのだ。しかし、佐藤氏ほどの人がどうして無条件に日本を加害者であると決めつけているのか、これが根本的な問題なのである。

なぜ、日本は加害者なのか。おそらく、佐藤氏が考えているのは、日本は大きな輸出超過になっている。この輸出超過は日本人があまりに貯蓄ばかりするからだ。収入の多くを貯蓄して使わないために貯蓄超過になり、その結果輸出が増えて輸出超過となり、アメリカに害を加えている——というようなことであろう。

貯蓄の問題については後でくわしく触れるのでここでは結論だけ述べるが、日本の貯蓄超過が輸出超過の原因になっている、という考え方は明確に間違いである。

これはハッキリ断言できる。

それなのに、どうして日本の経済学者やエコノミストはこのようなことをハッキリした証明もしないまま言うのだろうか。それは、日本の輸出超過の背景には貯蓄超過があるかもしれない、それが原因であるに違いない、という先入観があるからだ。そういう先入観でモノをみると、経済に何が起こっているか、その変化は何を意味するのか、というようなことがまったく分からなくなる。

このような先入観に先入観を上塗りするため、議論はとんでもない方向にどんどん流されていく。

そのとんでもない方向の一つが、日本の輸出超過は一時的なものではなく、ずっと恒常的におこっているという議論である。

昭和六十一年二月十日付『日本経済新聞』の経済教室の欄に、日本貿易振興会ニューヨークセンター所長の佐藤満秋氏が次のように書いている。

「日本のように恒常的にしかも巨額の黒字をかせぎ続けるというのは、その状態自体が結果としてアンフェアであるというわけだ」

ここで佐藤氏はアメリカ人の議論を紹介し、日本の輸出超過はアンフェアであると主張している、と述べているのだが、佐藤氏自身は、アメリカ人がこのようにアンフェアだと日本を非難するのは、日本が恒常的に巨額の黒字を計上しているからだ、と考えている。

しかし、これも間違いであることはこれまで述べてきた通りである。日本の黒字はここ数年間の現象である。昭和五十八年にとつぜん大幅な黒字になり、その状態がさらに拡大しながら継続しているにすぎない。したがって、日本の巨額な黒字が恒常的だというのは事実に反する。

むしろ、ここ数年間に輸出が激増した理由はなにか、という点をまともに考えるべきである。そうすると、冷静で客観的にモノをみる能力のある人なら、アメリカの経済運営に問題があることがすぐ分かるはずだ。

さらに、論理のつじつまがまったくあわない議論もある。たとえば『サンケイ新聞』(昭和六十一年二月一日)の「主張」にはこういう一文がある。

「米国に対しては、いまでは欧州共同体（ＥＣ）の国々も、カナダ、台湾、香港、中南米諸国、韓国などの国々も大きな貿易黒字をかせいでいることは事実であるが、それだからといって、米国との貿易収支改善にもっとも重大な責任を負い、もっとも大きな努力をすべきものは日本をおいてないことに変わりはない」

なぜ日本が責任を負わなければならないのか、なぜアメリカには責任がないのか。たとえば、ある発展途上国の国際収支が非常に悪くて、巨額な赤字をかかえ、債務がどんどんたまったとしよう。この時に、日本はこの国に対して輸出超過になっている、アメリカもそうだ、いやヨーロッパも輸出超過だ、しかし、何よりも責任があるのはアメリカだ、という言い方をするだろうか。おそらく、その発展途上国の経済運営に問題がある、と言うであろう。それが当たり前である。

ところが、ここでは、すべての国がアメリカに対して輸出超過になっている。その中で日本が最大の責任者である。最も重大な責任を負い、最も大きな努力をすべきものは日本である、と言っているのだ。どうしてこうなるのか、私にはまったく理解できないのである。

追突された車が悪いという論法の横行

いろいろ気をつけて論説などを読むと、似たような議論は枚挙にいとまがない。昭和六十一年二月四日号の『エコノミスト』に載った鈴木正俊氏の論説もその一つである。同氏は日本経済研究センター主任研究員でハーバード大学国際問題研究所客員研究員として目下アメリカの経済問題を研究しているのだが、この論説では次のように書いている。

「輸出による高い乗数効果を考慮すると、過去三ヵ年の日本経済の成長はほとんどが輸出という外需によって実現されたといっても過言ではない。これでは海外から『失業の輸出』をタテに激しく批判されるのは当然であろう」

日本の輸出超過は失業の輸出だ、というわけだ。しかし、失業の輸出というのは何かというと、まず日本に生産過剰があり、日本で失業者があふれ、その結果、過剰生産された製品が海外にあふれでたとき、これを失業の輸出という。しかし、実際は、日本に失業者があふれているわけではないし、生産過剰で製品が倉庫をうずめ尽くし、その圧力で輸出が急増して巨額の黒字になっているのでもない。ただ、アメリカからの需要が過大であるため、それに適応しているにすぎないのだ。

それなのに鈴木氏がこのように主張するのは、前に触れた貯蓄超過が輸出超過の原因になっているという議論を、批判の余地のない客観的な事実として思い違いをし、それを前提に考えているからであろう。

このように、日本加害者論にはいろいろな議論があるのだが、論点をちょっとボカした形で議論するのが元経済企画庁事務次官であり、日本の代表的なエコノミストの一人である宮崎勇氏（大和証券経済研究所理事長）である。昭和六十一年二月号の『中央公論』で次のように主張している。

「対外的な不均衡――経常収支と資本収支――は対内的な不均衡の反映である。したがって、日米の対外不均衡が対照的（一方の黒字と他方の赤字）であるということは、双方の国内の不均衡が対照的であることを意味している」

さらに、この部分に注をつけてこう書いてある。ちょっと面倒な言葉が並ぶが我慢していただきたい。

「経済学の貯蓄・投資バランスは事後的な恒等式である。したがって貯蓄、投資、経常収支差（資本収支差）の因果関係を示すものではない、というのはその通りだが、ここで重要なことは両国のバランスぶりが全く対照的になっていることで、その点こそが経済摩擦の核心となっている」

つまり、日本は黒字でありアメリカは赤字である。ちょうど対照的な状態がある。こ

●乗数効果　輸出や公共投資など経済活動に刺激を与える需要の効果はただその金額分だけの効果しかないのではない。たとえば百億円の新規輸出があったとすると、もちろん、その輸出が行われた期間においては百億円の所得をうみだすにすぎないのだが、こうして生まれた所得の増加によって新たな生産活動への刺激が生まれる。すると次の期間には新しい消費を誘発することになり、これがまた同時に国民所得の増加につながる。このような波及的な効果を乗数効果と呼ぶのである。

の点が問題の核心であるというのであり、その論理をもっと押し進めると、したがって、両方に不均衡の責任がある、ということになってしまう。実際、宮崎氏はそう考えておられるようである。

しかし、この議論は、問題を分析する努力を怠っている。何回もいうようだが、この状態は五十八年からとつぜん起こったことだ。だから、なぜ五十八年から起こったのか、その要因はなにか、という程度の追求はしなければならない。

ところが、そういう追求はしないで、結果として現れた状態が対照的であるからといって両方に責任があると言ってしまう。貿易収支なのだから、結果が対照的になるのは当たり前なのに、である。

このように、日本加害者論は数知れないのだが、いったい全体、日本は何をやったというのだろうか。

実は何もやってないのである。

交差点で信号待ちしていたところ、後ろからやってきた車が追突したとしよう。こういう場合、どちらに責任があるだろうか。規則を守って停車していた車なのか、それとも後ろから来た車なのか。言うまでもなく後ろから追突した方に事故の責任がある。

ところが、日本加害者論は、信号待ちしていた車に責任がある、というのと同じことだ。あるいは、宮崎氏のように、日米両国に責任があるというのは、事故はすべて両方に責任がある。したがって、信号待ちの車も追突して来た車も同じく責任がある、というのと同じことになる。

私がある雑誌（『中央公論』昭和六十一年六月号）の対談で、このように発言したところ、慶応大学の加藤寛教授は「アメリカは日本が赤信号を守ってないという論理である。暴走車には暴走車の論理がある。経済の論理の世界のルールだけ守っていて、それでそのままやっていられなくなったのが、現代の世界の実情だ」と反論していた。

しかし、これは非常におかしな議論である。果たして自動車事故が起きたときに、相手側の論理はどうかと考え、その論理をわざわざ自分の論理に組み入れるだろうか。たとえば、追突してきた運転手が、お前は信号を守ってないと言いがかりをつけてきたとして、本当は守っていても、守っていないことを前提にして話しあいをするだろうか。当然、いや守っていた、お前こそ前方不注意であると反論するだろう。

日本には日本の主張すべき問題がある。それなのに、アメリカが日本は赤信号を守っていないと言ったといって、それを重視すべきである、というのでは、もう議論にもならない。

日本商品がアメリカ経済の異常膨脹に吸い込まれた

もちろん、責任にもいろいろあって、何かをやったため被る責任と、何もやらないために負わざるをえない責任がある。だから、なんでもかんでも日本の責任にしたがる人は、日本は何もやらなかった、だから責任がある、と言い出しているのかもしれない。

しかし、何もやらないで責任になる場合は条件がある。たとえば、何かを約束してそれを守らなかった場合がそうである。

ところで、日本はアメリカに何かを約束して、それを破っただろうか。

前にも少し触れたが、一九八一年にレーガン大統領が登場して、レーガノミックスを実施するときはどう言っていたか。国際収支は赤字になるかもしれないと言っていただろうか。そうではない。むしろ、アメリカの国際収支は、当時と同じくほぼ均衡状態を維持できるに違いない、と考えていた。レーガン大統領の政策目標は、財政と国際収支の均衡を前提とする経済の活性化だったのだ。

しかも、それはアメリカ単独で実現できると考えていた。

日本についてはどうかというと、レーガン大統領は、レーガノミックスを実施するときから日本の市場の閉鎖性については分かっていた。したがって、日本がアメリカの農産物などいろいろな商品を、もっと大量に買うとは期待してもいなかったはずだ。それがなくとも、アメリカ経済を活力ある状態にすることは可能だと考えていた。

だから、政策の実施にあたっては日本など関係各国に対して何の注文もしていない。国際収支が赤字になるおそれがあるから輸出を控えてくれとか、輸入を拡大してくれとは注文していないのである。

一方、日本の当時の状況はどうか。日本の市場は今よりもやや閉鎖的だった。それに、内需についても、すでに財政再建がはじまっており、むしろ引き締め気味だった。今になって急に市場を閉鎖したり、財政支出をしぼっているのではない。したがって、レーガン大統領は、日本のそういう状況をも前提として政策実施を行ったはずである。

ところが、結果として、日本は輸出超過になり、アメリカは輸入超過になってしまった。そうなったのは、前に述べたように、アメリカが借金で経済を膨脹するだけ膨脹させ、世界中の商品を吸い込んだからだ。その吸引力に、日本の商品も巻き込まれたにすぎないのである。

その結果について、日本にどう責任をとれというのだろうか。

今のアメリカが直面している問題は、ひとえにアメリカ自身が引き起こしたことである。それなのに、日本のやり方はおかしい、日本が市場を開放しないのはけしからん、内需拡大しないのはきたない、などと言うのは男らしくない。

卑怯な態度というべきではないか。日本のことを不公正というが、アメリカは不公正どころか卑怯だと言わざるをえない。

私がこのように言うと、今度は、だからと言って、日本が何もしないのはよくない、という人が出てくる。

たとえば、香西泰氏（日本経済研究センター理事長）は、昭和六十一年八月二十六日号の『エコノミスト』でこう反論している。

「結果的には、アメリカの責任だからアメリカが手をうて、との論調が強く響く。今日の事態をもたらしたのが、アメリカの経済政策の責任であることには間違いないが、失火したのは隣家からだからといって、手をこまねいていていいものだろうか。また隣が消火活動を始めれば、こちらも水びたしになるのだから、それなりの対応は必要であろう」

一見、分かりやすいたとえに見えるが、これは問題の性質を誤解している。あるいはスリかえている。問題は誰が火を消すかではなく、出火した家の主人が、火を出したのはお前の家だと強弁している点にある。だから、出火したのはウチではない、と言っているにすぎないのだが、この議論は日本加害者論の典型的なものだ。おそらく、なにがなんでも日本の責任だと言いたいがために、火事の例を思いついたのではないだろうか。

もちろん、どこが火元であれ、早く消さなければ言い争いしている間に火事はどんどん広がり、どっちの家も全焼するかもしれない。

　ことが火事ならば確かにそういうことになる。しかし、当面している状況はそれとはまったくちがう。火事をたとえに持ちだすことがまちがっているのである。火事がたとえに出てくるなどというのは、問題の本質を正しく理解していない証拠である。当面している事態は、アメリカが大幅赤字で日本が大幅黒字、そこに国際経済のゆがみと混乱があるということである。

　決して、すべての人を巻き込むような火事があるというのとは違う。そうではなくて、そのゆがみを生みだしたのは誰であるか、したがって、これを是正するには誰の行動が必要であるか、という点をハッキリさせなければならない問題状況なのである。

　また次のような議論もあるが、これもおかしい。元通産省審議官である天谷直弘氏（国際経済交流財団会長）が『Ｖｏｉｃｅ』（昭和六十一年十一月号）にこう書いておられる。

「明らかなことは、日本は米国という大きな船の中にいるということである。この船が沈んだら日本も沈んでしまう。したがって日本は単に米国が悪いと非難しているだけではなく、米国という船が沈まないように最大限の努力を傾けなければならない。すべての原因と責任は米国にありと証明したところで、日本だけが助かるわけではない」

　これは一見してワケが分かったようなことを書いているようだが、よく読むとまったくナンセンスである。

まず第一に、日本は米国という大きな船の中に入っているという前提で書かれているが、これはまったくの間違いだ。日本はアメリカという船に便乗しているのではない。アメリカの肩におぶさっているのでもない。日本という経済はアメリカという経済とは別のものである。自主独立の経済なのである。

すなわち日本は日本の船に乗っており、アメリカはアメリカの船に乗っている。

そもそも世界経済というのはそういうものである。他の国がアメリカの船に乗る、というかたちで成立しているのではない。それぞれの国民経済があって、それぞれがその国民に対してできるだけよい生活水準を提供できるように、できるだけ付加価値生産性の高い経済構造をつくり、安定した運営をしていこうと必死に努力している。

そういう国民経済が百以上寄り集まり、互いに手を携え、肩を組みあって網の目をつくり、世界経済を構成しているだけのことだ。決して一つの船に乗っているのではない。

したがって、それぞれが、その中で節度ある経済運営をする責任を持っている。自分だけが勝手気ままに借金生活をすることは許されない。自国の経済の均衡をたもち、安定させるという自己責任の原則を貫くことによって世界経済の安定が成立するのである。

ところが、現在は、そういう世界経済の網の目の中でもっとも重要な位置を占めるアメリカが、節度を失っている。そこに問題があるわけである。

アメリカは世界一の大国である。そのアメリカが節度を失えば他の国々に大きな迷惑がかかるのは必至である。したがって、世界経済の安定のためにアメリカが最大、第一の責任を負うことになる。

終戦直後の時代を振り返ってみればわかることであるが、アメリカは圧倒的な力を持って世界経済を支え、リードしてきた。これは、当時のアメリカ経済の節度がもたらしたものである。

世界一の生産性を背景として、世界一健全な状態を堅持してきたアメリカ経済であったればこそ、アメリカのドルが世界の基軸通貨として成立しえたのである。

アメリカ経済が節度を失いはじめるにつれて世界経済にも動揺がはじまり、ついにはＩＭＦ体制が崩壊するに至ってしまった。この状態をレーガン大統領がさらに大々的に破壊してしまったのが現状である。

アメリカの責任を追及するということは、アメリカに従来持ち合わせていた節度を回復させよと要求することである。それは、日本にとって、もっとも重要なことだ。世界経済の安定の根本にもかかわる重大なことである。どうでもいいことではない。

アメリカが従来持ち合わせていた節度を回復しなければ、世界経済は安定できないのである。もちろん、日本経済もその一部を占めるのはいうまでもないことだ。

第三章　日本は事態を正しく認識していない

アメリカの恫喝に震え上がる日本の弱味

今のアメリカと日本の関係は、ちょうどこわもての人間と一般人の関係に似ている。とにかく、アメリカが何か言ってきている、というので理由もなくあやまっている。いや、むしろ、アメリカがあれだけ大声を出すのだから、何か不都合なことがあったのかもしれないと思って、アメリカの要求をなんとか受け入れようと右往左往している。

もちろん、日本側にもスネに傷がないわけではない。なにしろ、特定の品目を集中豪雨的に輸出してきたという前歴がある。その一方では市場開放が遅れがちだった、という面もあった。

そういう後ろめたさがあるために、なおさら、何かワッと言われるとビクッとくるのである。

こうなるのは、問題の本質を理解していないからだ。

まず、長期にわたって続いてきた貿易摩擦の問題は、アメリカが激昂するような問題ではない。

こういう調整の問題は単なる極めて事務的な問題である。はやい話が、前にも述べたように日本はなんとか輸入超過しないように、輸出に力を入れてきただけである。資源がないために、なんとか外貨を獲得して資源を買うカネを作ろうとしたにすぎないのだ。ただ、批判を受けたのは、その努力に行き過ぎがあったためである。

ところが、この問題がまだくすぶっているところへ、前にも述べたレーガン政策に起因する新しい問題が沸き上がった。しかも、結果として現れるのはともに国際収支である。このため、日本人自身が問題を混同してしまったのだ。

そうして、このように日本が混同するためアメリカも混同してしまって、「我慢に我慢をかさねてきたのに、もう我慢ならん」と言うようになったのだ。

もう一つの混同というか、認識不足は、自由貿易というものを理解していないことからきている。

先にもちょっと述べたが、自由貿易というのは、それ自体が善なのではない。あとでもくわしく触れるが、最初に国民経済があって、その国民経済にとって利益になる場合にのみ自由貿易は意味がある。

自分には都合がよいから相手も応じるべきだなどという話は、言う方がおかしい。

ところが、アメリカはそういうたぐいのことを言っている。たとえば、合板がそうだ。アメリカの合板業界は不況だという。しかし、日本も同じく不況である。それなのにアメリカは、合板が不況だから日本は輸入せよ、と迫ってくる。そうして日本がうまく話にのらないとアンフェアだという。こんなおかしな話はない。お互いに困っているから調整しよう、という話になるのが普通ではないだろうか。いくら日本が大幅黒字だからといっても、また、たとえ、集中豪雨のように輸出してきたという前歴があったとしても、それとこれは別である。

一体、アメリカは何を考えているのだろうか。言うことが手前勝手で支離滅裂である。自動車問題になるとアメリカの言い分はもっと支離滅裂になる。

レーガン大統領は、自動車の自主規制は要求しません、と言った。これに対して日本が、自主規制をやったというとおこってしまった。日本の自主規制措置に対しておこったのだ。実におかしいではないか。

レーガン大統領が自主規制におこったのは、逆にいえば、日本の自動車はどんどん輸出してくれ、ということである。そうすると輸出超過はますます多くなるのだが、それでいいとレーガン大統領は思っているのだろうか。その一方で、アメリカ議会は、日本は自動車自主規制をしたといいながら輸出が増えている、といっておこる。

一体、日本の自動車輸出は増えてよいと言っているのか、増えては困ると言っているのかワケがわからない。

すなわち、アメリカは安くていい物はどんどん輸出してくれ、安ければ買います、と言っているのか、安くていい品物であっても、あまり輸出されると輸入超過が出て困ると主張しているのか、どちらが本当なのか分からないのである。

このように混乱するのは、アメリカ人自身が問題を理解していないからではないか。問題の出発点は、アメリカの国際収支赤字が増加する一方なので、これを是正しなければならない、という点だった。

この点をはっきり認識すれば、このような混乱は起こらないし、この問題はアメリカの政策の問題であることが明確になる。日本の市場の閉鎖性は関係がないのである。ところが、日本はアメリカのこのような主張に対して、まったくマトはずれなことをしている。

その最たるものが日本の市場を開放するという「行動計画」だ。

ハッキリ言って、日本が閉鎖的だから自動車の輸出がどんどん増えているのではないのだ。また、たとえ日本の市場を開放してもアメリカから買えるものは少ない。だから、商社は駐在員の家族まで動員して何を輸入するか頭をしぼっているのだ。もし、輸入できるものがいろいろあるのなら、もうすでに円高が国際収支の均衡化に大きく貢献しているはずである。

こういえばまた、農産物はどうかなどと輸入障壁の問題が蒸し返されるかもしれない。たとえば『ワシントンポスト』の社説にはこんなことが書いてあった。

「アメリカの国際収支の赤字はアメリカの問題であって日本の責任ではない」

ここまでは良いのだが、続けて、

「日本はアメリカに自動車をどんどん輸出せよ。自主規制はすべきでない。その代わり日本の市場を開放して、貿易のバランスがとれるようにすればよい」

日本が市場を開放しさえすれば、アメリカは、自動車でも電気機械でも何でも集中豪雨のように輸出ができて、その結果、均衡は維持できるというのだろうか。これはちょっと考えただけでもまったくの幻想であることが分かる。だから、このような発言は経済の現実を知らない者の発言である。

しかし、なんとなくそれが真実であるかのような議論が横行するから話がおかしくなる。また、日本側もこういう点を理解していない。そして、市場開放とか輸入増大にばかり目がいくものだから、問題は為替レートだとばかりに円が狙い撃ちされ、日本の産業界は急激な円高に直撃されてしまったのだ。

日本には強い顔と弱い顔がある

それにしても、どうしてこのような認識上の混乱がついてまわるのだろうか。

日本人が、アメリカに弱いという面も一つの理由ではある。

これは、日本人の性格の弱さだが、日本人には迎合主義的なところがある。たとえば、占領軍（ＧＨＱ）がまだ日本にいたころは、日本人はそれに唯々諾々として、何事も占領軍の言うとおりにすればよい、言うとおりにやらなければならないという具合に、徹底的に突っ走った。占領軍は、当時は日本の弱体化に手をつけていたのだが、日本人はその弱体化政策に沿って、自分自身を武装解除していったのだ。

その後遺症がまだ残っている。

だから、今の日本人はアメリカ人に対して心理的に従属してしまう。貿易摩擦でアメリカに何かワッと言われたら、もう途端にピッとして、悪うございましたと言ってしまう。

これでは交渉事は成立しない。交渉は、こちらの立場をキチッとして、その上で相手の言い分を聞くべきなのだが、そういう立場を考慮する間もなくあやまってしまう、これが日本人の姿である。

もっとも、そうは言っても、日本経済の行動にも問題がないわけではない。

それは、特定の製品については国際競争力が強すぎることである。

たとえば、自動車をとってみても、日本の自動車はアメリカにどんどん入って行き、今にもアメリカの自動車産業をつぶしかねない状態である。もっとも、現在のところ、日本の自動車輸出をすこし自主規制すれば、アメリカの自動車業界はもうけすぎるほどもうけるという状態だが、これはレーガン政策によって市場が急膨脹しているからであり、もし、アメリカ政府が、今の財政赤字や国際収支赤字を抑えるような政策を打ちだしてくれれば、すぐ瀕死の状態になるだろう。

そして、アメリカの業界は、日本自動車の自主規制強化を必死になって求めてくるに違いない。

それほど、日本の自動車産業は強いのである。

これは自動車に限らない。機械、電機、エレクトロニクスなどみなそうである。強いというより、強すぎる。

しかし、逆に言えば、強いのはそれだけである。その他にも日本には多くの産業があるが、これらは競争力が非常に弱く、逆に保護しなければ、外国の業界によってたちまち食い荒らされる状況にある。

その代表的な例が農産物であり、コメなどは国際価格の五倍も十倍もする。

それでも日本はこういう商品を輸入自由化せず、保護しているわけだが、アメリカなどにはこういう点が目につくわけである。そうして、市場閉鎖性が強すぎるとくる。

どうしてこうなったかと言えば、日本は明治維新から、日本列島に住む日本人に十分な就業の機会を与えながら、かつ、付加価値生産性の高い産業を育成し、それで十分に高い所得を実現する、という目標を必死になって追求してきた。ところが、雇用機会を増やすことと付加価値生産性の高い産業を育成することとは必ずしも簡単ではないばかりか、同時に実現することはできないものである。

というのは、多くの人に就業の機会を与えるには、それ相応の人手を産業に吸収させなければならない。しかし、付加価値を高めるには、なるべく人手を減らして生産性を高める必要がある。

このため、必然的に、生産高の割りには人手を多く必要とする生産性の低い部門と、徹底的に合理化して相対的に人手をあまり必要としない生産性の高い部門の両極端の産業が成立するようになったのである。その結果として、今日の日本人の生活があるということができる。

したがって、今でも日本では、自動車のように生産性がきわめて高い産業がある一方で、コメに代表されるような、生産性のきわめて低い品目をむりやり維持している、という状況になっているのだ。

日本人の多くが感じているように、GNPが高い割りに生活水準が思ったほど上がらない理由はここにある。どんなに生産性が高く、巨額の外貨をかせいでくる産業があっても、また、その結果として日本にどれほど外貨がたまっても、一方で、どうにもならないくらい生産性の低い産業を、国民の就業機会を確保するために温存している状態では、たとえば、世界一高いコメを食べることになり、生活水準がそれほど上がるはずがない。

もちろん、アメリカ人などがこういう実情を見れば、そんなバカなことをなぜやるのか、と言うだろう。しかし、それに対しては、日本人がバカだから仕方がない、というほかない。外国人にそういうことはやめよ、と強制されることはないのだ。日本人が自分で選択していることなのである。

ところが、国際貿易摩擦問題などが起こると、こういう点が、日本人自身にもなにかスッキリしないものを残しがちである。外国人が、なぜそういうバカなことをやっているのかと言うと、つい、それもそうかな、と思ってしまう。

しかし、バカなことではあっても、外国に迷惑をかけるような悪いことではない。この点は明確に認識する必要がある。

ところが、日本の人々が、この点をはっきり認識していないために、外国に対して言うべきことも言えないでいる。

景気は悪化するばかり、企業は撤収を考えよ

ところで、日本は世界中から批判を浴びてしまうほど貿易黒字がたまってしまっているが、経済の先行きはどうなるのか。

はっきり言って、見通しはよくない。日本の経済は下押ししている。つまり下降状態にある。これは、鉱工業生産指数の足どりをみるとよく分かる。

すなわち、鉱工業生産指数のピークはいつかというと、昭和六十（一九八五）年四月だが、四〜六月とそれにつづく七〜九月を比べると、〇・二パーセントほど低下している。さらに十〜十二月は〇・九パーセントのマイナスなのである。もちろん、六十一年に入ると一〜三月、四〜六月はそれぞれ〇・二パーセント上昇しており、その後、七〜九月に〇・六パーセント低下したのち、やや低下気味か横ばいで推移しているが、前年の同じ時期に比較するとマイナスである。

何がこういう状況をもたらしたのだろうか。鉱工業生産の減退をもたらした元凶は何か。それは輸出の減少である。輸出が減少することによって設備投資が減少し、それが消費の停滞という状態を招いている。

すなわち、日本経済は、昭和五十八年から六十年の過去三年間で一三パーセントの伸びを示したが、その牽引車になったのは輸出と設備投資と消費の増加であった。とくに五十八年と五十九年の二年間は、輸出の激増によるもので、輸出主導の経済拡大と言える。

ところが、六十年になると、この状況に変化があらわれて輸出の増加は止まり、その代わりに設備投資が活発に伸び、それにつられて消費も伸びるという状態になった。ついでながら、この状況をみて早とちりしたのが経済企画庁である。日本の経済はもはや輸出主導から内需主導型になり、設備投資が自律的に増加するようになった、したがって日本経済は輸出が増加しなくとも、設備投資の伸びによって今後も成長する、という楽観的な見方をするようになったのだ。

これが、六十一年度は四パーセント成長するという政府予測の背景であったろう。

しかし、これは単純な思い違いである。

輸出の増加が止まったのになぜ設備投資が活発になったかというと、それは、産業界がこれまでの惰性で、輸出の停滞は一時的なものでやがて本来の状態が戻ってくるに違いない、という安易な期待感を持っていたからだ。六十年の活発な設備投資はこういう楽観的な見方に支えられていた。

したがって、輸出の増加が設備投資の推進力であることに変わりはない。

ところが、ここにきて、この点に根本的な変化が起こりつつある。すなわち、輸出の増加は今後期待できないという考え方が一般化してきたのだ。

これは、いわゆる円高ショックによって起きた基本的な変化である。円高によって、輸出の金額は増加したものの、数量の面ではハッキリ減少傾向を示している。しかも、その傾向が一時的なものではないという認識がすこしずつ広がっていった。輸出は増加するどころか現状維持でさえ難しいことを、産業界の人々が悟り始めたのだ。

こうなると、もはや輸出は設備投資の誘因になりえない。輸出は増加するどころか減少の一途であることがハッキリしているのに、輸出をアテにして設備投資をする酔狂者はいないからだ。

こうして、設備投資はいまやアンケート調査するたびに減額修正されるようになっている有様である。これは当然の動きといえるだろう。

この動きを証明するかのように、機械受注統計など設備投資の動きを示す統計値は、大きく減少をはじめているのである。繰り返しになるが、これは、輸出に対する期待がまったく持てなくなったことを示しているのだ。

このように、輸出が伸びず、設備投資も期待できないとなれば、その影響はどう出るか。それは、国民の所得の増加が期待できないということである。そうなると、言うまでもなく、消費者はなるべくむだづかいはやめようとする。消費活動が停滞することになるのである。

もちろん、デパートの売上は今のところ比較的に好調だが、家計調査の結果などでは、消費が実質的に停滞してきている。所得が伸びないのだから、当然の現象といえる。

消費活動はこれから停滞するほかないのである。

ところで、輸出が伸びない、設備投資も減少傾向である、消費の増加も期待できないという状態は何を意味するのだろうか。

これは、現在の状態が好景気を享受してきた五十八〜六十年の三年間とまったく逆の動きを示していることを意味している。この三年間が陽の当たる場所だとすると、現在はその陰である。しかも、この裏返しの状態を元に戻す材料があるかというと、どうもありそうにない。

たとえば、住宅投資は一進一退の現状を維持できる見通しはあるが、もう一歩進んで、大きく増加に転じることは考えられない。また、政府支出も、口では今にも増加しそうなことが言われているが、実際には財政再建を中止して景気刺激を最優先することは考えられない。したがって、政府支出の増加によって経済全体が上向きになる余地はないのである。したがって、これからの日本経済は、好景気を享受してきた過去三年間の状態とちょうどさかさまの状態で推移するだろう。

これからは過剰設備が深刻な問題になる

繰り返しになるが、昭和五十八年から六十年の過去三年間の日本の経済は、輸出を推進力にして設備投資が刺激され、それが所得向上の期待を持たせて消費が伸びる、という形だった。ところが、現在は、輸出が減少することによって設備投資が減り、その結果、消費が伸び悩むという状態である。

しかも、輸出に代わる牽引車が出てきそうにない、という現状では、経済が上向きに転じる見通しはまったくない、と言わざるをえないのである。

ところが、どうも世の中はそうは見ていないようである。政府にいたっては四パーセントの成長見通しを立て、いかにも好景気がつづくといわんばかりだったし、民間は、さすがに政府ほど楽観的でないにしても、やはり楽観的にすぎる見通しを立て、三パーセントの成長を期待していた。

もちろん円高ショックによってこの見通しは下方修正されはした。しかし、それでも、私に言わせれば楽観的に過ぎる。

なぜなら、下方修正したと言っても、その修正幅はほんのわずかに過ぎないからだ。一体、現在の状況で二パーセントから三パーセント近い伸びがどうして期待できるのだろうか。楽観的な見通しを立てる人たちは、まず設備投資の伸びに期待している。

もちろん、設備投資が現在の経済全体に占める割合は大きくて、ＧＮＰの一六パーセント程度だから、これが伸びれば経済全体が伸びることは期待できるだろう。また、楽観主義者たちは、輸出についても、それほど減退しないと考えており、住宅建設その他は増加傾向にあるとみている。

このように、全体をよい方向によい方向にと考えるのは、根底に、設備投資について非常に楽観的な見方があるからだ。設備投資の増加によって内需が拡大すれば、輸入も促進され、したがって輸出環境もそれほど厳しくなくなる、という考えからである。

しかし、その想定には非常なムリがある。というよりあまりに幼稚だ。なぜなら、この考え方は、単にこれまでの経済の動きを機械的に延長したにすぎないからだ。

もう一度、五十八年から六十年の過去三年間を振り返ってみよう。

確かにこの期間の設備投資は活発だった。その背後には何があったのか。それは輸出の激増である。単なる増加という生易しいものではない。激増である。そのお陰で日本は巨大な黒字をかかえ、世界中から袋だたきにされているのだが、ともあれ、輸出の激増によって日本の輸出産業はたちまち生産能力が不足するようになった。

このため、こんどは設備能力の急速な増強がなされ、その上さらに、輸出の見通しについて非常に楽観的な期待が持たれるようになったため、将来の輸出増をも見込んでの先行投資が行われた。

これが、設備投資が増加した本当の理由である。

日本の設備投資が増加したのは、技術革新が起こったからだと言う人もいるが、この考え方も表面的にすぎる。

確かに現象面だけをみれば、設備の増強などの際には新しい技術を取り入れているので、一見すると技術革新が設備投資の原動力になっているように見えるだろう。しかし、実際は、まず輸出の激増があり、それに伴って設備投資が生まれ、その過程で新しい技術が採用されたのである。

では、今後はどうなるか。

現在の状況では輸出の増加は期待できないばかりか、むしろ減少していくだろう。となれば、どういう事態に見舞われるのか。

まず、輸出がたとえ現状維持だったとしても、これまで輸出の増加をアテにして設備投資がなされているので、新規の設備投資をやめても生産能力は過剰になっていく。したがって、それを増強する必要はまったくない。たとえ設備を増強しても、輸出が増えなければ、増強した設備は稼動しないまま放置するほかないからだ。

ましてや、輸出が減退することにでもなれば、事態はもっと深刻になる。

こうしてみると、設備投資が増加するという見方はなんの根拠もない。むしろ、現状のままでも、今後の日本は設備能力の過剰に悩まされることになろう。各企業の経営者が今こそ考えなければいけないことは、過剰設備をどう処理するか、過剰設備の負担をどう軽減するか、ということである。

もっと極端に言えば、できるだけ早く各企業は、贅肉を落として身軽になるべきだ。でなければ過剰生産による過当競争に巻きこまれ、経営危機に直面するかもしれない。

事態はそれほど深刻なのである。

交易条件と経済活動は別物だ

ところで、経済の見通しについての楽観的な見方を支えているのは、設備投資に対する単純で表面的な評価だけではない。もう一つの元凶は円高メリット論である。すなわち、円高は日本の経済にとってマイナス要因として働く反面、プラスの要因もある。したがって、当初は急激な円高でマイナス影響が出るが、昭和六十一年後半あたりから円高がよい方向に働いて経済はよくなるに違いない、というものである。中曾根首相も六十一年秋になると円高のメリットが出てくると言っていた。

しかし、実際のところ、いっこうにメリットは出ていない。それどころか鉄鋼など基幹産業はとうとう従業員の大幅削減にまで追いこまれてしまった。鉄鋼は原材料の大半を海外から輸入しているのだから、とっくに円高のメリットを受けていなければならない。それなのに、結果は正反対なのである。

それは当然のことだ。どうしてみんな物事をもっと構造的に見ようとしないのだろうか。何が原因で何が結果であるかを冷静に見極めれば、情緒的な楽観論に陥るはずがない。なぜ、円高メリット論が間違いか、それはこういうことである。

まず、五十八～六十年の三年間、日本の経済はなぜ成長できたのか。日本経済の牽引車は何か。それはこれまで再三にわたって述べたように、輸出の激増である。輸出の激増が設備投資の増加を招き、さらに消費増をもたらした。

それでは、円高はこの状況にどう作用するか。いうまでもなく、円高によって輸出は数量的に減少する。また、そうでなければ円高の意味がない。

現在の日本とアメリカの間にある問題は、日本の輸出超過が大きすぎ、反対にアメリカの輸入超過が大きすぎることである。これをどうやって是正するかが現在の緊急な課題になっている。そういう状況だからこそ急激な円高に襲われたのだ。言い換えれば、円高の役割は日本の輸出の減少である。それも、わずかな減少では足りない。大幅な輸出減こそが円高の根底にある〝目的〟なのだ。

したがって、円高がその効果を発揮すればするほど、輸出減による設備投資の減少、それにともなうデフレ的な影響が日本経済に現れてくるであろう。

これまでの成長の裏返しなのだから、これは当然のことである。

円高によって日本の経済はデフレになる

それと同じように、円高だからといって無条件に日本経済にメリットがあるとかデメリットがあるとか考えるのはおかしい。もちろん、外国から安い製品を買えるというメリットはある。円高の恩恵を受ける部分があることは確かだ。早い話が光熱費は確実に安くなっている。

しかし、それが、果たしてどのような経路をたどって経済全体を押し上げることになるのか。もし、それが理論として成立するのであれば、円安は逆に経済全体に対して非常なデメリットだったことになる。

しかし、果たしてそうだろうか。

これまでの日本の経済は、明らかに円安によって潤ってきた。円安によって輸出が増加し、輸出主導によって経済が成長したというのが実情である。

であれば、円高になるとその逆の現象が起こることは目に見えている。つまり、円高によって輸出が抑えられ、この輸出減少の結果として経済がマイナス成長するであろうと考えるのが、ごく自然なことではないだろうか。

したがって、これから円高によるメリットが出てくるのだ、というのはまったくの思い違いなのである。

それでも中には、イヤそうは言っても円高にもメリットがあるという人がいるだろう。円安もメリットがあったし、円高は円高でまたメリットがあるのだ、と。もしそれが本当なら、為替レートにはいつでもメリットがあることになってしまう。

それとも、円高や円安にはメリットがあって、適正レートにはデメリットがあると言うのだろうか。しかし、適正レートにデメリットがあるのなら、これはもう適正ではない。

そもそも、交易条件と経済全体の基本的な活動とを結びつけて考える方がおかしいのである。円高はあくまで日本の輸出超過とアメリカの輸入超過を減らすための、一つのメカニズムにすぎないのだ。この点を誤解してはいけない。

円高メリット論は、こういう基本的な認識が間違っているのだ。為替レートが経済を動かすのではなく、経済活動が為替レートを動かしているのである。

もちろん、為替レートが経済活動に影響を及ぼしているように見える面はある。円高で鉄鋼業界がとうとう大合理化に踏み切ったのはその一例である。しかし、これはあくまでも調整である。経済活動に不均衡が生じると、均衡を回復するために為替レートが動くわけだが、その動いた為替レートが、経済活動の均衡化に向けて、調整作用をしているにすぎないのである。

それなのに、為替レートがあたかも経済活動を左右するかのように言うのは、ちょうど、時計の針がゼンマイを動かしている、というのと同じだ。

それはこうである。

為替レートの変動によって、これまでの不均衡状態が新しい均衡状態に接近する方向へ経済の姿が変化していくとして、その新しい均衡状態が、前よりも低い状態であるとすれば、すべての調整を終わったところで出てくる姿は前よりも縮小された状態である。つまり、この調整過程は経済活動の面でマイナスに働いたことになる。もちろん、その逆にプラスに働くケースもあることは言うまでもない。

さて、では現在の日本の経済にとって、円高という調整作用はプラスに働くのかマイナスに働くのか。

円高メリット論者は、いうまでもなくプラスに働くと思っている。その理由は何か。日本の輸入の中で原材料の占める割合が比較的に大きいからである。円高になれば原材料の輸入価格が安くなるから、それが有利に経済活動に反映するというのである。

一見、この見方は当を得ているようだが、実際問題として、輸入は原材料だけでなく製品輸入もある。ところが、円高になればこの製品輸入が増えるのだ。

つまり、円高によって原材料の価格が低下し、国内産業はいろいろと利益を受けるだろうが、一方では、それと並行して製品輸入が活発化する。そうだとすると、当然国内の競争企業は生産縮小に追い込まれ、これは輸出減退と同じ効果をもたらす。

ことに円高は、伸びすぎた輸出そのものの圧縮をめざしているのだから、その輸出減退がデフレ的圧力の主体になるのは当然である。これらがもたらす変化が全体的にみてデフレ的かインフレ的かは明らかであろう。

だから、輸出が減少し輸入の増加を招く円高は、原材料の輸入価格低下を考慮に入れても、日本の経済にとってマイナスになり、円安は逆にプラスになると考えた方が正しい。

これまで輸出主導の経済だったし、そこで伸び過ぎた輸出増加分を円高が打ち切ろうとしていることを考えれば、当然のことではある。

第四章　自由貿易が絶対的に善か

経済の根本は国民をどう生きさせるかだ

どのような分野でもそうかも知れないが、物事が発展し、複雑になるといつの間にか基本的なことを忘れてしまいがちである。日米摩擦など最近の経済摩擦をみると、つくづくそう思う。

まるで初歩的な質問だが、一体、経済とは何であろうか。何のために存在するのか。経済活動は何のためにあるのか。

さらに問題を個人ベースに置き換えて、人は何のために働くのか。何のために会社へ行ったり、工場で汗水をたらしたり、田や畑を耕すのか。

言うまでもない。生きるためである。

もちろん、ひと口に生きるといっても、単に肉体的生命を維持するという段階から高次な価値を実現するという段階まで、その意味は広い。しかし、いずれにしても人間は、仕事を通じてカネを手にいれなければ、一粒の御飯とて食べられず、したがって生きることは不可能だ。

これは経済の問題についても言える。最近は経済が複雑かつ広域になってきたため、経済の基本的な視点が忘れられている。とくに経済学者やエコノミストにその傾向が強い。

典型的なのがアメリカの経済学者である。日本人はどういうわけか、アメリカの経済学者といえばすぐ優秀で尊敬に値すると思いがちだが、私に言わせれば必ずしも優秀ではない。もちろん、頭脳そのものは優れているのだろうが、なにしろ、彼らの頭にあるのはカネだけだから狂ってしまっている。

最近はやりのマネーゲームと同列だ。彼らの経済学はマネーゲームに振り回されているといってよい。

つまり、彼らは目先の情報をいかに利用して流れに乗り、うまい具合にもうけるかしか考えていない。特にアナリストと称する人々はみなそうだ。目先の情報に一喜一憂して、そればかりを追いかけている。

基本的な状況がどうであるかを考えない。だから、問題を基本的に理解できないのだ。目先のことに動かされていれば当然のことである。

こういうわけで、アメリカの経済学者はケインズ経済理論の導入以来、カネの調整だけで経済がコントロールできると思いこんでいる。

すなわち、財政と金融の調整をうまく組み合わせれば、経済はうまく回転すると信じているのである。

もちろん、このケインズの思想に対して、カネの調整なんかやめてしまえ、というマネタリズムという思想もあるが、これは、カネの供給量を一定に保っていれば万事がうまくいくという思想であり、基本的にはカネで調整できると考えている点で変わりはない。

このような考え方から出てきたのが、為替フロート制である。すなわち、為替は放っておけば自然にうまいところで収まるという思想である。

この思想からは、経済が為替のフロートによってどのようにかき回されるか、どういう調整運動が起きるか、という視点は出てこない。ただフロートにしておけばよい、というわけである。

さらに、ちょっと理屈っぽくなるが、アメリカには合理的期待形成論というのがある。人間というのは合理的な期待で合理的に行動する。したがって、世の中は合理的に動くというのがこの思想なのだが、これもマネーゲームの影響である。

つまり、株式投機とか土地投機などはすべて合理的な期待形成によって先のことはすべて読み通した上でやるのだから、自由にまかせておけばうまくいく、という思想に近い。

　このように、アメリカの経済学は、マネーゲームの思想に振り回されている。このため、どういう悪弊が出ているかというと、国民経済という視点がスッポリと抜け落ちているのである。

　国民経済とは何であるか、人々が経済によって生きて行くためにはどういう条件が必要であるか、という問題が分からなくなっている。目に見えないのである。

　では、本当の意味での国民経済とは何であろうか。それは、日本で言うと、この日本列島で生活している一億二千万人が、どうやって食べどうやって生きて行くかという問題である。この一億二千万人は日本列島で生活するという運命から逃れることはできない。そういう前提で生きている。中には外国に脱出する者があっても、それは例外的である。全員がこの四つの島で生涯を過ごす運命にある。

　その一億二千万人が、どうやって雇用を確保し、所得水準を上げ、生活の安定を享受するか、これが国民経済である。

　もちろん、日本は日本でそういう努力を重ねるが、他の国は他の国でそういう努力をする。そこでいろんな摩擦が起きるのは当然なことである。それをなんとか調整しながらやっていくのが国際経済なのである。

　そうして、自由貿易にした方が互いに利益になるのではないか、というので自由貿易にするのだ。

自由貿易が絶対的に善というアメリカの考え方はおかしい

それぞれの国には生きるために維持すべき最低の条件がある。これを無視した自由貿易は百害あって一利なしといってよい。

日米貿易の場合も同様だ。自由貿易だからと言って、では日本の農作物の市場を全面開放します、その代わり、半導体や鉄鋼の貿易も完全に自由にしましょうとなれば、アメリカはどうなるだろうか。日本の農業が潰滅的になる代わりに、アメリカでは先端産業のコメである半導体や鉄鋼が潰滅的になってしまうだろう。

自由貿易主義の決定的な間違いは、国民経済の視点を欠いていることだ。

こういう思想にとびつくとんでもないことになる、ということはチリが示している。この国は、フリードマンの、保護貿易はやめてしまえという主張に同調して、完全に自由貿易にしてしまった。ところがどうなったか。たちまち経済はメチャクチャになり、国全体が大騒ぎになった。そうして、逆戻りしてしまったのだ。

それなのに、アメリカ人経済学者の見解をなんとなく受け入れて、日本の経済学者や政府までが、自由貿易が至上の命題であるかのように思い、苦しくても自由貿易を守れなどと騒いでいる。

とくに発展途上国の場合は、自由貿易が天敵になることだってある。

そのことを示しているのが、イギリスとインドの例である。イギリスは自由貿易によってインドを完全につぶしてしまった。インドの紡績産業をつぶして同国を完全に棉花栽培国に転落させたのである。

つまり、こういうことだ。

もともとインドにはかなり大規模な紡績業が存在しており、国内で栽培した棉花を紡いで繊維を作っていたのである。ところが、イギリスでは産業革命が進行し、機械による大量生産の波が紡績業にも押し寄せる。言うまでもなく、その製品をさばくには国内だけでは市場が不足する。

そこで、イギリスが自由貿易の名目のもとに、インドにも自国の製品を輸出するようになった。

機械化の進んでいないインド紡績業がこれに太刀打ちできるわけがない。とうとう、インドの紡績産業は潰滅してしまったのである。しかも、いちど潰滅すると再起は不可能だ。産業の発展は第一ステップ、第二ステップと段階を追って進まなければならないのに、第一ステップが潰滅状態では次のステップが踏めない。

その結果、インドは単に棉花を栽培するだけの国に転落してしまった。

イギリスは当時、世界を制覇していったが、そのための武器は自由貿易である。自由貿易によって外国の産業をつぶし、巨額な輸出超過を累積し、それによって世界中の資本を支配し、世界中の港湾施設をおさえて世界帝国を形成したのである。

自由貿易とはそういう凶器にもなりうるのだ。

アヘン戦争も自由貿易が発端である。

この戦争は一八四〇年に勃発したが、当時はどういう状況だったかというと、イギリスは中国に対して綿製品やインド棉花を輸出し、中国からは茶や絹などを輸入していた。ところが、イギリスの特に労働者は中国茶を非常に好むようになり、中国茶の需要が急増したのだが、一方、中国は当時はまだ農業と家内工業がかたく結ばれていたため工業製品を必要とせず、したがってイギリス側の輸出が伸びないため入超が拡大していった。

そのため、対中国貿易を担当する東インド会社は本国で集めた銀をどんどん中国に送らなければならなくなり、とうとう財政危機に直面したのである。

そこでどうしたか。

ベンガル地方でアヘンを栽培して中国に売り込み、貿易のバランスをはかったのだ。その結果、一八三一年以後は、逆に中国から大量の銀が流出するようになり、中国を支配していた清朝の財政がおびやかされた。このため、清朝はアヘンの輸入を禁止する。

もちろん、イギリスはハイそうですかと引き下がるわけがない。逆にこの際、中国の

貿易制限も撤廃して自由貿易を確立するために清朝のこの措置を利用し、清朝に戦争を
いどんだのである。

　もちろん、戦争はイギリスが勝利し、その結果、南京条約が結ばれて中国は強制的に貿易の門戸を開放させられた。しかも、その条約を結んだのはイギリスだけではない。フランスもアメリカも同じような条約を清朝と結んだのだ。

　その後の中国が、とうとう半植民地化していったことは周知のとおりである。

　このイギリスが今日では経済が停滞し産業が空洞化して雇用問題に苦しんでいるのであるが、この状態を改善するのにどうしたらよいか、今、イギリス人が頭を悩ましているのは皮肉である。

　これに対してイギリスの経済学者であるサー・ロイ・ハロッドは保護主義を採用すべきことを提案している。昭和五十一（一九七六）年十月六日、ハロッドは『自由貿易よ

●**サー・ロイ・ハロッド　（一九〇〇〜七八）**　イギリスの指導的経済学者の一人。オックスフォード大学に学び、一九六七年まで母校で教えた。国連の雇用および経済安定に関する専門委員（一九四七〜五〇）、国際通貨基金の経済委員（一九五二〜五三）を歴任。国際経済学、国際通貨、景気変動論などのさまざまな理論分野で独創的な理論を展開した。また、成長の理論を創唱し、現代成長理論の基となったハロッド・モデルを提示した。

り完全雇用』という題で『日本経済新聞』に寄稿した論説の中で、次のように述べている。

「完全雇用は自由貿易にもまして第一の優先目標である。完全雇用を達成するために輸入制限の強化が必要であれば、不幸なことではあるが、それを受け入れなければなるまい」

自由貿易とはそういうものである。決して、神聖にして犯すべからざる至上の価値ではない。

強大国が弱小国を支配するための格好な手段でもあることをもっとハッキリと認識すべきだ。

世界経済の基本は国民経済の棲み分けにある

ところが、日本には、自由貿易は死んでも守り抜くべきものだと思う人が多いらしく、アメリカの保護貿易主義の動きはどんな犠牲を払ってでも防がなければならない、という声が強い。これは明らかに間違いだ。

アメリカに保護貿易主義の法律が成立しても、それはそれでよいではないか。

アメリカの国民経済というものを前提にして考えれば、二億四千万人のアメリカ国民にいかにして就業の機会を与えるか、というのが最優先の課題であるはずだ。

考えてみよう。

どうしてアメリカは現在の重大な危機に直面しているのか。なぜ、消費が増えれば増えるだけ、輸入だけが増加するのか。それは、国内の産業が潰滅状態になって、すでに産業が空洞化し、国内では必要な製品がつくれない、あるいは、外国製品と対等に競争できる製品が存在しないからだ。

このような状況だからこそ、巨額の貿易赤字をかかえ、今となって日本に対して悲鳴に近い非難を投げかけているのだ。

これは独りアメリカだけの問題ではない。日本だって、このまま円高が進めば産業の空洞化が現実化するだろう。

もうその兆候も出ている。たとえば繊維業界では、経営戦略を練りなおし、工場閉鎖や生産縮小に踏み切る企業が続出している。

この動きがもっと進むと、ハイテク産業でさえ空洞化が避けられなくなるだろう。アメリカと同じく、労働者の就業機会が少なくなり、失業者があふれ、消費需要を刺激すれば輸入が増えるだけ、という結果にならないとも限らない。

こういう状況が進行したアメリカで、保護主義が台頭するのは当然のことである。

ところが、アメリカ政府は、保護主義はダメだ、悪いことだ、これを回避するために日本と西ドイツは協力すべきだと言ってくる。

しかし、これは言うほうがおかしい。アメリカ政府の主張がおかしいのである。現在のアメリカ政府が、後で述べる多国籍企業の意向ばかりを重視し、国民経済の立場を無視ないしは軽視しているからだ。

したがって、日本としては、このようなアメリカ政府に対しては、保護貿易を採用すべきだ、採用しても仕方がありません、という立場をとらなければならない。

もちろん、今のアメリカが保護貿易主義を採用しても、産業構造が健全なかたちで確立していないため、うまくいくはずはない。しかし、保護貿易をやらなければならない立場にあることは確かなのである。

それなのに保護貿易主義が悪いというのは、彼らに思い違いがあるからである。

また、逆に自由貿易をやろうにもできるはずがない。自由貿易こそ最高だというなら、たとえば、自動車はいくらでも輸入します、という答えを出さなければならない。しかし、それはできない。半導体にしても、自由貿易で国内の半導体があぶなくなるとすぐ保護主義的な措置をとってくる。

口では自由貿易だ、と言いながら、その実、世界中を管理貿易にしてしまおうとしている。

もちろん、私はこの動きに反対するのではない。当たり前のことだと思う。現実の世界経済では、もう、自由貿易はそのままでは維持できなくなっているのだ。それなのに自由貿易、自由貿易と言うのだから、自由貿易というのはよほど観念的なものに違いない。

ところが、その観念的で、それこそ〝空洞化〟している自由貿易というお題目に振り回されているのが日本政府だ。アメリカの議会で保護貿易法案が上程されそうだとなると、もう世界経済は潰滅するといわんばかりの大騒ぎをする。

そしてアメリカの人々は、アメリカが保護主義になると、世界中の国々がこれを模範としてしまい、世界経済全体が縮小してしまうというような心配をする。

しかし、今日のアメリカが異常な輸入超過状態を改善するために、その入超程度に応じた輸入規制に関する措置をとることに対して、他の国々が異を唱えることができるはずがない。

アメリカが入超に応じて輸入抑制の措置をとるとき、たとえば、日本がアメリカからの輸入を報復的に抑制するだろうか。

そんなことをするはずはない。したがって、輸入抑制の波及はそこで止まるのである。

もう少し頭を冷やしてみてはどうだろうか。

何度も言うように、経済活動はその国の国民が生きて行くためにある。国民の生活をいかに向上させるか、雇用をいかに高めるか、したがって、付加価値生産性の高い就業機会をいかにしてつくるか、ということが経済の基本でなければいけない。

もちろん、各国には歴史的な背景がある。そうして、こういう背景はたいていが硬直化している。このため進歩や変化との間で摩擦が生じることは日常茶飯事である。したがって、そういう問題を調整しながら国民経済が運営されるのだ。

しかも、こういう調整作業は自己責任でやるほかない。どこか他の国が助けてくれるわけではないのだ。

このようにして、各国がまず自己の経済を確立し、その上で利益を互いに増進できる形で国際経済が運営される。

自由貿易というのは、そういう国際経済の中で選択できる一つの選択肢にすぎない。決して、自由貿易にさえすれば世界経済がうまくいくというものではない。

ましてや、自由貿易のために政治経済が存在するのでは決してない。それなのに、あたかも自由貿易が人類最高の知恵であり宝であり、犯すべからざる神聖な領域であるかのように言うのは、一体どういう思考の仕方をしているのだろうか。

むしろ、敢えて言うなら保護主義こそ国際経済の基本ではないだろうか。まず自国の経済を確立するには弱い部分を保護する必要がある。

そうしなければ、芽も出せないまま消滅してしまうからだ。また、国内の産業が確立できないまま世界市場に組み入れられてしまえば、清朝のように半植民地化されるのがオチである。

世界経済は独立国が対等な形で交易することによって成立するのだとすれば、これは当然な結論であろう。

アメリカの草の根で流れている保護主義はそういうものである。国内の就業機会を安定的に維持するための動きであり、当然の要求なのである。

自分だけが正しい、という思想がアメリカを大きな間違いに導いている

ところで、私は、アメリカ政府が自由貿易主義を金科玉条にする背後には、多国籍企業の論理が存在すると考える。

多国籍企業というのは国民経済の利点についてはまったく考えない。ところが、アメリカの経済思想には多国籍企業の思想が強く反映しているため、どうしても国民経済を無視しがちになってしまう。

では多国籍企業はどういう考え方をするのか。単純に言えば、勝手気儘にやらせてくれ、ということである。そして、こういう考え方がアメリカ政府や産業界を支配しているため、国民経済の観点からいえば不都合なことでも、アメリカの声として日本に持ち込まれる。

そして、実際はアメリカにとって重要ではないことでも、あたかもアメリカ人の総意

であるかのように伝えられる。たとえば、前にも触れたが、自動車の場合のように、レーガン大統領が、日本車の輸出自主規制はけしからん、と言っておこるかたわらで、議会は、日本は自主規制したといっているが、日本車の輸入台数が増えている、と言って騒ぐ。

一体、どちらがアメリカの真意なのか分からないほど、言うことが支離滅裂なのだが、これは多国籍企業の論理と国民経済の論理とが矛盾するためである。

さらに、アメリカには、アメリカ経済は世界経済そのものという思想がある。しかも、この思想は、日本人が頭の中で空想するような観念的なものではない。体験的なものである。

パックス・アメリカーナ（アメリカによる平和）という言葉があるが、まさに、アメリカにとって自分こそが世界経済なのである。これは、かつてのイギリスもそうだった。ところが、この世界経済の思想は国民経済の思想とは相いれない。なぜなら、自分こそが世界なのだから、自分の思い通りにならなければ、それはおかしい、間違いだ、という考え方になる。私が前に言ったように、互いに自主独立の経済を確立し、互いに利益になるように交易する、という姿勢ではない。アメリカがその他多数の国の一つの立場に立つのではなく、支配的な立場だけが前面に出てくる。

実は、日米貿易摩擦にはこういうアメリカの思想もからまっている。だから、問題全体がこんがらがってしまい、何がなんだかワケが分からなくなっているのだ。そして、日本が国民経済論的な立場から発言すると、アメリカは「けしからん」といって反発するわけである。

ところが、日本も、アメリカが言うと何となくシュンとして、いつの間にか同調する傾向があるため、今度はこちらもワケが分からなくなる。国民経済という基本的な視点を忘れてしまうのだ。

そうして、ワケが分からないまま、ある新聞の経済記事の連載のように「国境がなければ」というような、それこそワケが分からない話まで飛び出す始末だ。

しかし、実際のところ、国境のない経済が本当に現実問題として成立するのだろうか。もし、成立するのだとしたら、まず、決定的に必要なことは、たとえば東京から福岡に移動するのと同じように、人々が世界中どこでもパスポートなしで移動でき、どの国ででも生活できなければならない。

しかも、それにはなんらの制約もあってはならない。東京人が福岡に居をかまえ、住民登録をすませ、仕事を探すのと同じように、日本人が、たとえばオーストラリアで居をかまえ、公的な保護を受け、自由に仕事を探せるのでなければならない。失業者が多いから日本人は受入制限するとか、就職は後まわしとか、そういう差別もあってはならない。

希望すれば安い土地を買って貸家をつくるのも自由、社会保障も強制、任意をふくめてなんらの差別もない、日本への送金も、福岡から東京へ送金するのと同じく自由でなければならない。

しかし、こういう状態になるためには、どういう条件が必要か。まず政府をなくさなければならない。日本には日本の主権があり、オーストラリアにはオーストラリアの主権があって相互が不可侵であるなら、当然、国境をキッチリ定める必要があるし、そのためには移動にも制限を加える必要が出てくる。

政府の存在は人の移動を制限するのである。

また中央銀行の存在も邪魔だ。各国別に金融政策をやってはカネの移動に制約が出てくるからだ。

ところが、「国境がなければ」と思っている人たちは、政府をなくし、中央銀行制度を廃止するなどは考えていない。政府があり、中央銀行があり、各国の通貨があり、為替レートもある、という状態を前提にしている。果たして、こういう状態で、国境のない状態をどのように想定できるのか。

この議論の決定的な間違いは、現実の人間が視野に入っていないことだ。人間を視野に入れて、しかも国境のない状態を想定しているのではない。

いったい、人間がいない経済を想定してどういう意味があるのだろうか。

このような間違いを犯すのは、経済の姿を原子論的な個体の集合のように思い違いしているからだ。本当の姿を分からないまま、しかも自由貿易の問題と混同してしまっている。

これでは問題解決の糸口もつかめないだろう。

企業と国民はそれぞれに独立しているという認識が大切だ

さらに、この上に人種問題まで重ねて見ようとする者がいる。日本人とロシア人はどういう状態の時でもアングロサクソン人やラテン人にとっては摩擦の対象である、と。

しかし、こうなるともう問題解決は絶望的である。そういう摩擦は百年前からあった。これを今すぐなんとかしろ、と言ってもムリな話である。おそらく、こういう摩擦は永久に続くからだ。

もちろん、摩擦のタネをできるだけ減らして休火山にしてしまい、噴火のチャンスをなくすことはできるかもしれない。しかし、そのためには三十年、五十年、あるいは百年以上もかかるだろう。

そういう問題を現在の日米摩擦とゴッチャにすべきではない。ゴッチャにすればますますワケが分からなくなるだけだ。

また、そういう余計なことを考えるから、次のようなとんでもない〝解決策〟なるものが飛び出してくる。つまり、日本の企業の本社をアメリカやヨーロッパに持って行けばよい、という話だ。

しかし、これも国境論と同列のもので、たとえそれを実行しても、まったく解決策にはならない。

極端に考えて、企業と一緒に一億二千万人の日本人がドッとアメリカに移動したらどうなるか。日本人はアメリカで圧倒的な勢力を持つようになり、それこそアングロサクソン系の白人の反発を買うであろう。

移民法がなぜ存在するか。それはこういう人種的、民族的な摩擦を防ぐためである。国境の存在が摩擦の元凶だと思っている人たちは、国民と企業を混同している。というより、さきほども述べたように、人間というものを忘れている。また、多国籍企業というものを誤解している。

多国籍企業とは言っても、実際は国境の中にあるのだ。ただ、他の企業と違うのは、複数の国境の中にそれぞれ籍を置いている点にすぎない。もっとはっきり言えば、多国籍企業といえども国民経済の中に存在している。国民経済を前提にして成立しているのだ。ただ、前提にしている国民経済が、単にアメリカだけでなく日本や韓国など複数であるということだ。そのため、多国籍企業の経営者は国民経済というものを見失ってしまう。

日本の経済が弱小であった時代、日本人は先進国の経済に追いつこうとして必死になって努力した。

その時、日本国籍の大企業は日本人とともに喜びも悲しみも分かち合って存在した。経済が強大になり、取引が世界規模に広がるとともにこの日本企業も外国に工場を持ち、外国で仕事をするようになった。その限りにおいて、この企業は多国籍企業に転化したのである。

しかし、そこで働く人々はその国の住民であり、その成功も失敗も本国の日本企業とは独立のものになっている。

この企業の外国での成功は、この企業そのものの成功ではあっても、日本経済の成功ではない。それは、当然のこととして、相手国経済の成功となるのである。

たとえば、日本ＩＢＭの社員にとって、ＩＢＭが英国の企業を買収しようが、あるいはアメリカの工場を閉鎖しようが関係はない。関係があるのは、日本ＩＢＭの業績であり、日本国内の工場を増設するか閉鎖するかといった問題にすぎない。日本の国民経済の中におけるＩＢＭの経営戦略や経営政策だけが、日本ＩＢＭの社員にとっては直接関係するのだ。

同じく、トヨタの社員にとっても、トヨタがアメリカでどのような車をつくろうと関係はない。それは、トヨタという企業の問題であり、従業員の問題とは別だからだ。

この点が混同されてしまっている。

極端にいって、アメリカがうるさいからといってトヨタが国内の全工場をアメリカに移転したらどうなるか。トヨタはそれでも利益が上がるだろうが、日本でトヨタに勤めていた人たちは路頭に迷ってしまう。

これはどういう状況かというと、トヨタという企業が日本の国民経済から足を洗ってアメリカの国民経済に参入した、ということである。決して、日本の国民経済がアメリカに進出したのではない。

また、同様に、トヨタが日本で車を作り、アメリカでも作るという状況は、トヨタという企業が、日本の国民経済に籍をおきながら、国境をまたがってアメリカの国民経済にも入り込んだということであり、決して、日本の国民経済とアメリカの国民経済の一部がトヨタを通じて融合したのではない。

この点を混同するために、なんだか国境を取り払えば問題が解決するかのような、あるいは、そもそも国境が取り払えるかのような幻想が生まれるのである。

このように現在の摩擦問題は、いろいろな誤解や認識不足や幻想が複雑にからんで、何が何だか分からなくなっている。

しかし、問題解決にとって最も障害になっているのは、やはり、パックス・アメリカーナの思想を頑として持っているアメリカの思い上がった精神である。なんでも自分が正しいなどとは、思い上がりにもほどがある。

第五章　もうすでにマイナス成長がはじまっている

アメリカは本気で財政収支均衡法をヤル気がない

非常に簡単、かつ明瞭なことだが、世界中の国がそれぞれ節度ある経済運営をすれば、世界経済は安定する。世界経済といえばいかにも大げさに聞こえ、複雑に思われがちだが、これは各国経済の単なる連鎖にすぎない。したがって、どこかの国が異常な経済運営をすれば、世界経済にそのまま反映して、世界経済そのものが不安定になる。ただ、それだけのことである。

では、異常な経済運営とはどういう状態をさすのか。

累積債務国がまさにその異常な経済運営をしている代表格だ。人から借金してそれを返さないばかりか、さらに新たな借金を重ねる。これでは、貸した方は借金が返済されるのかどうか不安だし、貸し倒れにでもなれば今度はこちらの計画が狂ってしまう。

累積債務国はまさにこういう無責任な借金魔と同列である。節度を失った姿であり、世界経済に迷惑を及ぼしている。

現在のアメリカがそうだ。アメリカの経済は世界の根本を支えるだけの力がありながら、節度ある経済運営をしてこなかったために、とうとう累積債務国に転落し、世界経済全体を攪乱している。アメリカの世界経済にあたえる影響力は巨大であるだけに、その責任はきわめて重大だといわざるをえない。

そのことを、最近、アメリカ自身も気づいてきたのか、一九八五（昭和六十）年の暮に財政収支均衡法を成立させた。その趣旨は、六年後の一九九一年度までに財政赤字をゼロにすることで、そういう目標を達成するためにいろいろな規則をつくった。

私はこのニュースを知った時に、いよいよアメリカも財政赤字解消に本気で挑戦しはじめたのか、と思ったものである。

六年後とは随分ゆっくりだな、とは考えたものの、ムリなことではない。また、法律だけで財政赤字が解消できるはずがないのに、いかにも法律を重視するアメリカらしいやり方だなという感想を持ちつつも、もし本当にアメリカの財政赤字が解消できれば、経済の運営も正常になるし、日米摩擦問題もほとんど雲散霧消するに違いない、そう思った。

なぜなら、前に述べたように、現在のアメリカの経済成長は財政支出の異常な増加によるもので、実質のない水ぶくれであり、その結果、財政の面では大幅な赤字になり、国際収支の面でも輸入が激増して巨額な赤字をかかえ、日米摩擦の原因になっているからだ。すなわち、摩擦問題の発端はアメリカの異常な財政運営にあるからであった。

こういうわけで、正直いって、私は財政収支均衡法に期待したものである。

ところが、これはどうも私の買いかぶりだったようだ。

この法律には万難を排してでも財政赤字を解消すべきだとは書いていない。経済が停滞するようなら、法律に規定した赤字削減の制約は強制しない、となっている。

しかし、このように生やさしい措置で、すでに二千二百億ドルに達するといわれる財政赤字が解消できるだろうか。

おそらく、この法律の背後にあるアメリカの意図は、年率三パーセントから四パーセントの経済拡大を続けながら財政赤字をなくしたいということだろうが、それは欲張りすぎである。これまでの赤字の性格はどうだったか。経済が伸びているために発生した赤字である。それなのに、経済拡大をつづけながらどうやって赤字をなくすことができるのか。結局、多少はペースが落ちても、赤字の拡大は続くとみるのが普通の考え方である。

したがって六年間という期限を七年間に伸ばしても、赤字解消はムリだ。

どうも、本腰が入っていない、というのが私の率直な感想である。

前にも触れたレーガン大統領の予算教書を見ると、さらにその感を強くする。この教書では、今後六年間の歳出増は累計で一千七百六十四億ドルである。これに対して歳入増加は累計で三千八百九十九億ドルと想定されている。歳出の伸び率は一八・六パーセント、これに対して歳入の伸び率は五三・一パーセントである。どうして、このような歳入増が期待できるかというと、実質GNPが年率で四パーセントから三・五パーセントは見込めるからだという。

これは全くの希望的観測といおうか、安易な想定である。

財政赤字を減らすには大幅な歳出削減と増税以外に道はない

それでは、アメリカが本気になって財政赤字の解消をはじめるには、どうすればよいのだろうか。

現在の財政赤字は二千二百億ドルである。この赤字をどうやってなくすか。それは、歳出を削減し、増税をやるほかかない。

かつて、レーガン大統領は大幅減税を断行して歳出を減らす、と主張していたのだが、結局、歳出の削減は失敗して逆に膨脹的な措置をとってしまった。財政支出の膨脹策によっても財政赤字を解消できると思ったのだ。ところが、実際は違っていて、膨脹政策が財政赤字の拡大を招いてしまった。

すなわち、アメリカの経済は、明らかに財政の膨脹によって赤字を減らすことは不可能であることがそこで実証されたのである。

そこで、ではこの赤字を減らすにはどうすればよいか、という時、もういちど財政支出を増やしましょうとか、減税をやりましょうという答えが出てくるものだろうか。逆に、歳出を減らしましょう、増税をしましょう、というのが一般的な答えであろう。

そこで、財政支出を減らすとどういう影響が出るかである。本当は増税もやる必要があるのだが、レーガン大統領は増税は絶対にやらないと言っているから、財政支出の削減だけを行って、財政赤字を解消するには、かなり巨額な歳出削減をしなければならない。

二千二百億ドルの赤字だからその金額だけ歳出を減らせばよい、というものではない。なぜか。まず、歳出削減によって税収が減ってくる。なぜなら、これまで財政支出に依存して収益を上げ、納税していた部分がバサッとなくなるからだ。

つまり、減税をやらなくとも歳入減になるのである。

たとえば、今年は百億ドルの赤字を削減しようとして、財政支出を百億ドル削っても、その百億ドルの歳出に依存してやっていた商売ができなくなり、その所得にかけられていた税金、予定していた税収にその分の穴があくのである。そうすると、どうなるか。

せっかく、百億ドルの支出を削っても目標の百億ドルの赤字解消は達成できず、さらに数億ドルないし数十億ドルの歳出削減が必要になる。ところが、そうやってわざわざ削減額を追加しても、さらにその追加分に見合う税収が不足して、さらに穴があくことになる。こういう現象を経済学では乗数過程と呼んでいるが、このように雪だるま式に、歳出削減額はどんどん大きくなってしまうのである。

とは言っても、もちろんこの過程が無限に続くわけではない。次第に収斂《しゅうれん》することは言うまでもない。二千二百億ドルの赤字を減らすために必要な歳出削減額は、おそらく四千億ドル以上になると思われる。

しかし、実際問題として、四千億ドルもの歳出を削減することは不可能である。ということは、唯一の現実的な措置は歳出削減と並行して増税も行う必要がある、ということになる。

つまり、レーガノミックスの逆をやるほかないのである。

しかし、それは差し置いて、では、アメリカが四千億ドルもの歳出削減をやれば、名目の経済の動きはどうなるだろうか。おそらく、乗数値を大まかに想定して、四千億ドルの二倍に相当する額、つまり八千億ドルから九千億ドルだけＧＮＰが縮小するにちがいない。なぜなら、歳出削減による所得の減少にはじまって、消費の減退、設備投資の減退、経済活動の縮小、それによる税収減というように、波及的にその効果はグルグル縮小しながらまわっていくからである。

ところで、レーガン大統領の経済政策によって経済が膨脹した一九八一年から八五年の五年間はどうだったかというと、実は、そのまったく逆の状態だった。

まず、八一年に三兆ドルだったGNPが、八五年には約四兆ドルへと、およそ一兆ドル増えている。その間に財政赤字はどうなったか。二千二百億ドルの大きさを示し、さらに輸入が一千億ドル増えた。このために輸入超過が一千数百億ドルになったのだった。

したがって、さきほど述べたように、二千二百億ドルの財政赤字を減らすとGNPが九千億ドルから一兆ドル縮小するということは、およそ五年前のGNPに戻るということを意味するのである。

国際収支も同じだ。GNPがもとの三兆ドルにもどると、それにつれて輸入が約一千億ドルは減るはずである。そして、このように経済が縮小すれば、国内の生産能力が過剰になり、その結果、余剰製品が押し込み輸出されるという形で、輸出が必ず増える。金額にして数百億ドルは増加すると思われる。そうなると、どういう結果になるだろうか。あれほど大騒ぎしていた国際収支の赤字がなくなってしまうのである。

一千三百億ドルとか一千四百億ドルとかいって騒ぎたてられている輸入超過が、まったく過去の話になってしまうのだ。

今のやり方ではいずれ深刻な反動が生まれる

このように、問題解決の処方箋はいとも簡単である。問題は本気になってやるかどうかにすぎない。

なにしろ、三~五年かかってムリヤリにふくらませたものを縮ませるのである。苦痛をともなうであろう。しかし、苦痛に耐えて乗りこえなければならない。

しかし、その苦痛は思ったほどのものではないはずだ。

たとえば、五年前から、身のほどもわきまえず借金をして豪華マンションに入り、食事も一流のレストランで食べ、服装も一流ブランドのものしか着ないという贅沢な生活をしてきたとする。しかし、そういう生活は長続きはしない。いつかはこの贅沢な生活をはじめる前の分相応な生活に戻す必要がある。分相応のマンションに転居し、分相応のレストランを利用し、分相応の洋服に着替えなければならない。

確かにそれは苦痛である。しかし、五年前まではそうだったのだ。苦痛といっても大した苦痛ではないはずだ。生まれた時から王侯貴族のような生活をしていた苦労知らずの人間が、急に庶民になるのとはワケが違うからである。

ただ、豪華マンションでの生活が惜しい気がして、踏み切るのに勇気がいるという程度にすぎない。

アメリカがおよそ五年前の経済に戻ることも、その程度の苦痛しか伴わない。ところが、レーガン大統領は、せっかくこういう生活ができたのだから戻るのはイヤだという。もともと、現在の社会では、所得というものは増えるものだとばかり考えられている。生活がよくなるのは普通のことだと考えている。

それなのに、生活水準をダウンさせるとは何事か、というのである。

この考え方は分からないでもない。しかし、こういう姿勢が現実の経済を非常にむずかしくしているのだ。そうして、場合によっては最悪の事態を招くことにもなる。

たとえばある会社があったとする。この会社はある新しい事業をはじめた。最初から利益が出るわけはない。ある時期になれば利益が出ることを期待して資金を注ぎ込んだ。ところが、思ったほど収益が上がらない。赤字はふくらむ一方である。先行きをみても見通しは暗い。しかし、せっかくこれまで資金を注ぎ込んだのだからなんとかモノにしたい、という意識が経営者にはある。このため、次々につっかえ棒をしてカネを注ぎ込んだ。

しかし、結局はなんにもならなかった。そればかりか、注ぎ込んだ資金があまりにも巨額になったため、とうとう企業としての存立さえあやうくなってしまった。

せっかくの新しい事業をつぶしたくない、という考え方が会社そのものを倒産の危機に追いやったのである。

戦争の場合も同じだ。大きな犠牲を払って陣地を広げたとする。誰でもその拡大した陣地を手放したくはない。確保するためにはかなりの兵士の血が流れてもいるのだ。ところが、全体の戦況からみて、拡大した陣地は維持できない。客観的にみると、拡大前の陣地まで縮小しなければならない。

ところが、それには抵抗がある。なんと言っても味方の血が流れているからだ。そこで、予備兵力をどんどん投入して、いわば背伸びして陣地の維持につとめたとする。どうなるだろうか。おそらく、しばらくは維持できるだろうが、結局は手放さざるをえなくなる。そして、その時は、あまりにも犠牲が大き過ぎて、結局は戦争そのものの敗色が濃くなっていくのではないだろうか。

レーガン大統領の経済政策によって、今、アメリカ人が享受している生活や、日本経済が経験してきた経済拡大は、このようなムリを重ねてつくられた状態である。したがって、客観的にみれば、その状態を維持することは不可能である。

ところが、撤収するのはイヤだといって、ムリヤリに維持しようとしているのが、現在のレーガン政策なのである。日本でも同じような考え方が横行している。

輸出はこんなに増えたのに円高で減ってしまった、けしからん、というのが円高ショックである。しかし、ここまで増えたのがおかしかったのだ。巨額な輸出引き合いがあったこれまでが異常だった。

だから輸出額が減るのは当たり前である。現在の状態でも良すぎる。したがって、今の状態からいかにして撤収するかを考えるのが、まともな考え方である。

ところが、実際は、なんとかしてつっかえ棒をしようとしている。それが内需拡大論である。

もうすでにマイナス成長に入っている

ところで、どうしても元の生活にもどるのはイヤだと言って、このまま異常な状態をつづけるとどうなるか。

それは言うまでもないことである。撤収が長引けば長引くほど、犠牲は大きくなり、その反動は激烈になるだろう。覚醒剤中毒患者を想定してみればよい。

覚醒剤をうつのをやめると禁断症状になるが、それがイヤだからと言って覚醒剤を注射しつづけると、中毒はどんどんひどくなる。もちろん、中毒がひどくなっても、覚醒剤をうちさえすればよいのなら、財布は痛いが仕方ない、という程度ですむだろう。

しかし、実際は、中毒がひどくなると健康がむしばまれ、とうとう廃人になってしまうのだ。また、症状が悪化してからやめようとすると、大変な苦痛をともなうことになる。やはり軽症のときに、多少の苦痛に耐えてやめるべきだ。

異常な経済運営によってもたらされた場合の中毒でも同じことだ。

では、このままの状態を維持しようとして、撤収しなければ、いつごろ大きな破綻に見舞われるだろうか。その兆しはいつ現れるのか。

実は、それほど時間に余裕は残されていないのである。

まず、アメリカの状態だが、政府自身は依然として楽観的なことを言っているが、もうすでにアメリカ経済の上昇力はまったくなくなっている。一九八二〜八五年の四年間の成長率は二・四パーセントだが、これは財政の膨脹を前提にして達成したものだ。しかし、今後は財政の膨脹が期待できない。結局、どんなにアメリカ政府ががんばっても今後はマイナス成長ぎみの状態で停滞をつづけるほかない。

アメリカ人はよく内需は伸びているから大丈夫だというが、何度でも言うように、アメリカ経済の特徴は、内需が伸びると輸入が激増するという点にある。このため、今後はますますドルが安くなる状態であり、金利も低下せざるをえない。

こういう経済状況の中で、アメリカの経済がまともに運営できるはずがないのである。

また、これを背景にしている日本経済も、今や下降状態である。すでに輸出はマイナスであり、設備投資もマイナスになってきた。政府は一時期、円高メリットでなんとかなると言っていたが、いつの間にかそれも言わなくなった。前にも述べたが、円高メリット論というのはナンセンスな議論であるのに、それを持ち出して、そのうちなんとかなると議論をしたのはいかにも滑稽だ。

ともあれ、日本のGNPの伸びもここへきて停滞している。輸出も設備投資も今後、さらにマイナスぎみになることは間違いない。したがって、全体としての状態は、もうすでにマイナス成長ぎみになっているとみてさしつかえない。

今のところ、幻想の円高メリットにすがりついて、まだまだなんとかなるという姿勢で経済運営がなされているが、間もなく、事態の厳しさ、苦しさが認識され、設備投資などはいっそう落ち込んでいくと思われる。

そうなると、確実にマイナス成長の局面を迎えることになるのである。

政府見通しの四パーセント成長はおろか、一、二パーセントの成長だって無理であろう。

第六章

〝国民経済〟という視点を忘れたエコノミストたち

輸出超過は日本人の貯蓄のしすぎのせいではない

今度の税制改革でとうとうマル優（少額貯蓄非課税制度）が廃止されそうである。直接の理由は減税の財源をつくるための増税策だが、この底流には、もうこの制度の役割は終わったという認識がある。

もう少し露骨にいえば、欧米から、日本はマル優制度をもうけて国民の貯蓄を奨励しているため、貯蓄超過がおこり、それが輸出超過の原因になっていると非難されて、日本人自身までがなんとなくそう思うようになり、それではマル優を廃止しよう、というムードになったのだ。中曾根首相の私的諮問機関である「国際協調のための経済構造調整研究会」の報告、いわゆる「前川リポート」にも、マル優廃止問題がことさら大きく取り上げられているのは、こういう考えが根底にあるからではないだろうか。

ところで、本当に日本人は貯蓄をしすぎているのだろうか。

結論から言うとそうではない。問題は貯金をするかモノを買うかというような単純なことではない。

日本人は、先のことはどうでもよい、今あるカネを全部使って楽しく過ごせばよい、とはどうしても考えない。老後のことや、妻子のことを考える。ようするに家庭全般をどうするか、五十年、六十年先のことまで、正確に計画はできないにしても、長期的な見通しを漠然とながらも持とうとする。その上で、安全性を考えて家計の計画をきめる。貯蓄の計画も当然そのような長期的な、いわば戦略的な家計行動の現れである。それが伝統的な社会風土となって根づいている。それを反映したものが日本人の貯蓄心である。税制などで簡単に左右されるようなものではないのである。

日本経済研究センターの事業部長をやっておられた鈴木孝信氏（日本経済新聞社横浜支局長）は、日本関税協会が出している『関税と貿易』（昭和六十年七月号）に次のような一文を掲載している。

「たしかに大蔵省が主張するように、経常黒字イコール貯蓄超過という恒等式はエクス・ポスト（事後的）に成立するものであるにせよ、それは貯蓄超過が経常黒字の原因ではないという理屈にはならない」

つまり、経済学では経常黒字と貯蓄超過は等しい、という命題があるのだが、これだけでは、貯蓄超過が経常黒字の原因とは言いきれない、と主張するのに対して、鈴木氏は、そうではない、と反論している。

では、どういう反論かというと、まず、大蔵省が前提にしている、経常黒字と貯蓄超過が等しくなるのは事後的な関係であるという点を認めてから、「しかし、だからといって、貯蓄超過が輸出超過の原因ではないという証明になっていない」と反論し、それから「だから貯蓄超過が輸出超過の原因であると言っても間違いではないのではないか」と飛躍する。

これでは真面目な証明にはなっていない。逆の主張もできることを故意に無視している。

なぜ、私がここで友人である鈴木氏の論文を俎上にあげたかというと、別に鈴木氏に個人的なうらみがあってではない。

鈴木氏は経済学者でもなければエコノミストでもなく、日本経済新聞の記者なのだが、日本経済研究センター事業部長という立場は、日本の第一線のエコノミスト、経済学者、官庁エコノミスト、銀行エコノミストのすべての人たちときわめて濃密な接触のある立場である。したがって、鈴木氏の耳にはこういうすべての人たちの意見や見解や主張が入っているはずだ。

ところが、その鈴木氏の論文の決定的な特徴は、貯蓄超過と輸出超過の因果関係についての追究がまるでなされていないことだ。因果関係を追究するとすればどういうことになるのか、どういう結論が出るのか、理論的にどうなのか、という点についてまったく触れていない。そして、そういうことは証明できない、という前提で、「証明はできないけれども、結果的には、輸出超過の原因は貯蓄超過である」と主張している。つまり、いろいろな経済専門家に接しておられる鈴木氏の耳には、貯蓄超過と輸出超過の関連についての理論的な説明は入らなかったことを示している。

日本の経済学者、エコノミストは、貯蓄超過が輸出超過の原因であるとは証明していないし、また、そうでもないという、逆の証明もしていない。それなのに、なんとなく、貯蓄超過が輸出超過の原因であると思いこんでいる。鈴木論文はこういう実情を物語っているのだ。

経済学者が、貯蓄超過が輸出超過の原因であると簡単に思い込むには、論理的ではない理由があるのではないかという気がする。

それは、最初の出発点に出てくる式の形式である。

左辺が投資と貯蓄の差で、右辺が輸入と輸出の差となる。人間の思考形式として左から右に向かって力が流れる形で考えるのが普通であるために、このように左辺に投資と貯蓄の差がでてくれば自然にそれを原因と思い込むのではないか。

経済学者がほとんどこのことを無条件に疑問に思わないのは、このようないわば偏見が基にあるからではないかと思われる。

日本の貯蓄超過原罪論は理論的に破綻している

では、貯蓄超過と輸出超過の因果関係は理論的に証明できないのだろうか。以下は少し理屈っぽくなるが、事柄の性質上、ご勘弁ねがいたい。

輸出超過と貯蓄超過との一般的な関係は、輸出超過が原因で貯蓄超過が発生する場合もあり得るし、貯蓄超過が原因で輸出超過が発生する場合もあり得る、といわなければならない。この問題は、均衡状態に即してスタティックな形で考えようとすると理解できない。貯蓄超過とか輸出超過とかの不均衡状態から、経済がだんだんと均衡状態に向かって接近するとすればどうなるか、という動的な過程を追究して初めて理解できることである。均衡状態で成立する貯蓄超過もあるし、それ自身が不均衡状態をあらわしている貯蓄超過もあるからである。

この問題を理解する手がかりとして、まず貯蓄・投資バランスということの説明からはじめよう。

乗数論の観点から経済全体をみると、経済の大きさ、つまり購買力の大きさは投資の一定倍率となる。この倍率を乗数ということについては前にも述べたが、この乗数の大きさは、貯蓄率の逆数である。

当然のことながら、経済がこの均衡水準よりも大きいと、そのときの購買力に貯蓄率を乗じた貯蓄額は投資額よりも大きくなり、逆の場合は、もちろん小さくなる。貯蓄超過であれば、購買力はそれだけ吸収されてしまうから、経済全体は小さくなり、逆に貯蓄不足であれば、経済全体は大きくなる。いずれの場合も、それぞれの均衡点に向かって収斂する。だから均衡点では、投資と貯蓄は同じになるのである。

貯蓄・投資バランスが成立しているとき、つまり、均衡状態では、貯蓄超過ということは起こりえないのである。貯蓄率が高いということは、乗数が小さくなるだけで、貯蓄率が高いからといってそれだけで貯蓄超過になるわけではない。

貯蓄超過が成立すれば、そこで経済は不均衡状態になるので、一層低い位置にある均衡状態に向かって収斂して行く。つまり、経済は縮小するのである。

以上の考え方は、貿易をしない経済、つまり、クローズド・システムでの論である。貿易関係を伴った経済、つまり、オープン・システムの場合では、ちょっとちがってくる。

貯蓄超過と輸出超過が同時に成立して、均衡状態にはいる場合がでてくるのである。これは、経済全体が均衡する際の条件として、投資と輸出の合計額と貯蓄と輸入の合計額が等しくなければならない、ということになるからである。

この均衡条件からすぐにわかることは、経済均衡には三つの場合があるということである。第一は、貯蓄・投資均衡と輸出・輸入均衡の同時成立。第二は、貯蓄超過と輸出超過の同時成立。第三は、投資超過と輸入超過の同時成立である。

つまり、貯蓄過不足のまま、経済は均衡状態を維持することがありうるわけである。なぜなら、これは、一方で貯蓄過不足がでると、他方でこれを打ち消すような輸出過不足が成立するからである。

まず出発点で均衡があるものとして考えればいい。出発点で貯蓄・投資均衡でかつ輸出・輸入均衡であるという状態が成立していたと前提する。そこから出発して変化が起こった場合を想定すると、まず、均衡からの乖離《かいり》があるから、新しい均衡に向かっての収斂運動が起こる。貯蓄過小であれば、経済が拡大し、逆に貯蓄超過であれば、経済が縮小し、おのおのその方向で均衡点を追求することになる。

まず貯蓄超過が起こったとする。出発点は貯蓄・投資均衡の状態だが、まず投資が小さくなる場合を考える。この場合、投資が貯蓄よりも小さくなるわけだから、貯蓄超過になる。この貯蓄超過は、購買力の吸収運動を引き起こすから、経済は縮小過程に入る。均衡状態は、経済が縮小した先にあるわけである。〝縮小均衡〟という形で均衡点を見つける方向に動く。

ところが、そういうように経済が小さくなりはじめた場合に、輸出入の均衡がどうなるかというと、輸出はそのままであるとすると、所得の減少に応じて輸入が減少する。輸入が減少するから、当然輸出超過になる。つまり輸入が減少する分だけ輸出超過が発生するわけである。要するに、まず貯蓄超過が成立し、その次に輸出超過が成立するということである。したがって、貯蓄超過と輸出超過とが同じ大きさの状態が出てくる。経済が小さくなるに応じて、貯蓄超過と輸出超過とが均衡するところが出てくるわけだ。

出発点で、まず大きな貯蓄超過が発生しても、やがてこれは減少をはじめ、それに対応して、輸出超過がゼロから出発してだんだんと大きくなっていく。やがて、貯蓄超過と輸出超過とが同じ大きさになったところで、経済は均衡点に到達するわけである。

これは、輸出超過が貯蓄超過の結果として生まれた通常の経済の姿である。この状態のときは明らかに、国内経済は貯蓄超過による縮小過程に入っている。経済は不況になり、輸入の減少とそれによる輸出の超過とが起こる。これが、貯蓄超過が輸出超過になるという、流行している議論が成立する基本的な場合である。

貯蓄超過が輸出超過を生み出したとか、貯蓄超過が不況を輸出したとか、失業を輸出したとかはよくいわれる。これは国内で不況が発生し、不況によって経済が小さくなったその結果として輸出がふえる場合である。前述した例は、輸入が小さくなったのに輸出が現状を維持する結果、輸出超過になった場合を想定したわけである。この場合の輸出超過は、不況を輸出した結果として生まれている。

ところが、今の話とは逆に、輸出超過から変化を起こさせることもできる。出発点は輸出入が均衡という状態である。そこで、突然輸出がふえる場合を想定する。これが現在我々が直面している事態に近いのだが、輸出がふえると経済は拡大の方向に変化をはじめる。これは均衡状態でなくて不均衡状態だから、経済は拡大の方向に収斂運動をはじめる。均衡点は高い水準になっている。輸出超過で、国内では経済が大きくなるから所得がふえ、そしてこの場合に貯蓄率が変わらないものとすれば、貯蓄額がふえる。投資額は前と同じだから、貯蓄超過の経済になる。

まず、輸出超過が大きく出てくる。輸入は所得が大きくなるにつれてふえてくる。したがって、輸出超過の金額は、経済が大きくなるにつれてだんだん小さくなってくる。結局、輸出超過が小さくなって、貯蓄超過が大きくなり、両者が同じになる状態がやがて出てくる。それが均衡点である。それは経済が拡大した結果として出てくるので、出発点の状態より経済は拡大している。そして、出発点より高い水準のところに新たな均衡点が出てくる。そこで、貯蓄超過と輸出超過とが同時に成立する。

これは、明らかに輸出超過の結果として貯蓄超過が生まれた状態であって、貯蓄超過が輸出超過を生み出したわけではない。経済全体が輸出主導で拡大した結果として、国内経済は貯蓄超過になるということで、貯蓄超過と輸出超過とが同じ大きさになるが、国先の話とは、因果関係はちょうど逆さまになるわけである。

以上が、貯蓄超過が必ずしも輸出超過の原因ではないという説明の理論的な背景である。こういう説明が可能なのである。にもかかわらず、それが可能でないかのように思い違いをして、理論的に説明できるのは貯蓄超過と輸出超過の併存までである。これには因果関係の説明が存在しない。この場合、貯蓄超過がかならずしも輸出超過の原因でないことは証明されていない。だから、日本の貯蓄超過が輸出超過の原因なのだ、と考えるのは率直に言うと、説明ができないために説明が不可能であるかのように思い違いをしているだけのことであって、よく考えれば説明は可能なのである。

そこで問題は、現在の日本の姿はどちらなのか、ということである。貯蓄超過が輸出超過を引き起こしているのだろうか。そうではない。現実の経済状況がそれを証明している。

当然のことだが、輸出超過が出発点だとすると、経済は拡大するからまず生産力が不足になり、設備投資が増加しなければならない。逆に貯蓄超過が最初の原因だとすると、経済は縮小するから生産力過剰になり、設備投資が起こりようがない。しかし、現在の日本をみると、過去四年間にわたって、輸出超過と並行して経済は拡大を続け、設備投資が増加しているのである。

どうみても現在の事態を招いたのは貯蓄超過ではなく、輸出超過なのである。これは間違いない。

もう一つ別の角度から見てみても同じだ。もし貯蓄超過によって輸出超過が発生したとすると、日本の輸出の増加分が、相手国の輸入の増加分より小さくなることはない。かならず、相手国の輸入増加分は日本の輸出増加分より小さいはずである。なぜなら、貯蓄超過である日本だけが一方的に世界に向かって輸出を押し込んでいるわけだから、相手国の輸入増加分は、日本の全世界へ向けての輸出増加分の一部にすぎないからだ。これは超大国のアメリカであっても同じことだ。アメリカの輸入増加分は、かならず、日本の輸出増加分の一部に相当する大きさであるはずだ。

十個のキャラメルが余ったので、十人の子供に分配したところ、ある子供は二十個も持っていたということはありえないからだ。たとえアメリカのように強い子供がいて独占してしまったとしても、最大十個にしかならないのである。

ところが、現実にはどうだったか。日本の輸出増加は昭和五十八（一九八三）〜六十年の三年間で三百億ドル前後なのに対して、アメリカの輸入増加は一千億ドルを越えている。日本は十個のキャラメルしか配っていないのに、アメリカは三十個以上も持っているのだ。

これは明らかに、アメリカがこの期間に輸入を増やし、その一部分として日本の輸出増加も入っているとみなければならない。

このように、いろいろな点から言って、日本の貯蓄超過が輸出超過を招いたのではないと言えるのである。

前川リポートは日本の健全さを捨てさせるものだ

ところが、中曾根首相は昭和六十一年四月十四日の日米首脳会議で、突然、今後は日本経済を輸入指向型に変えると言って、「国際協調のための経済構造調整研究会」（経構研）の勧告（前川リポート）を引き合いに出した。問題なのは、その勧告の出発点が間違っていることだ。勧告では、今の日本経済は危機的状況だと書いてあるが、何が危機的状況なのだろうか。たんに輸出超過が非常に大きいというにすぎない。危機的というなら、むしろアメリカの経済運営の方が危機的状況である。それなのにアメリカにやいのやいの言いまくられて、なんとなくそのつもりになっている。

経構研の報告は、まさにアメリカが希望した方向に忠実にそって書かれている。その限りでは優等生の答案である。しかし、当のアメリカの言い分がまったく筋違いだと、出された答案もとんでもない見当違いのものになる。

では、どう見当違いなのか。

経構研の勧告は、

①内需拡大②国際的に調和のとれた産業構造への転換③市場アクセスの一層の改善と製品輸入の促進等④国際通貨価値の安定化と金融の自由化⑤国際協力の推進と国際的地位にふさわしい世界経済への貢献⑥財政・金融政策の進め方⑦フォローアップ体制の整備

の七項目からなっている。内需拡大については別項で述べるとして、最大の問題点は、メンバーが最も力を入れたという「国際的に調和のとれた産業構造への転換」という項目にある。ここで想定されているのは、石炭、繊維、アルミなどの競争力の弱い産業を撤収して、海外直接投資を推進し、一方では内外価格差の大きい畜産物などの市場を開放する、というようなことだろうが、何のために必要なのかと言いたい。

もし、黒字解消のためならまったく意味がない。前にも言ったように、日本の経済は五年前でやっと六十億ドル台の黒字を出したにすぎない。これは少し出しすぎの感はあるが、GNPの〇・六パーセント程度で、日本の学者などが構造的に安定的な黒字として論じている二パーセントよりはずっと小さい。

しかし、今の黒字は異常だ、というだろうが、現在の黒字は産業構造とは関係ない。赤字ぎみの国際収支をなんとか黒字にしようと努力しているところへ石油ショックに襲われ、またはい上がろうといっそう努力した。そして、その成果が上がったところへアメリカの輸入激増が重なり、こういう異常黒字になったにすぎない。

それなのに、話をすぐ産業構造につなぐからおかしくなるのだ。

要するに、日本経済にも原因があることを示し、外国の人々に、それを是正するために何かをやってますよとポーズを作っているという以外に何の意図があるのか理解できない。

さらに「財政・金融政策の進め方」ではマル優制度の廃止を含めた抜本的な改革が必要だと言っている。

要するにこの勧告が言っていることは、われわれが明治以来百二十余年にわたって、日本の国民に十分な就業と所得の機会を与えるために続けてきた必死な努力が、現在の危機的な国際状況を引き起こした、といって全面否定しているのである。これは見当違いもはなはだしい。

結局、この報告書がいう体質改善というのは、働く意欲を阻害し、勤労精神・貯蓄精神をゆるめ、節度ある経済・財政運営の気構えをなくして、もっと気楽な気持ちで鷹揚にカネをばらまき、怠けて遊ぶようにしなさい、ということである。そうすれば生活はよくなる、と。

これはどこか狂っている。

われわれの置かれた日本列島とはどういう島か。必死に働いて、その国土の上で生きるために必要な条件をつくりあげなければやっていけない。周囲を見回してほしい。基本的な燃料はなにひとつない。食糧にしても、現在のような豊かな食生活をするには大部分を輸入しなければならない。

われわれは、そういう制約された条件の中で生活しているのである。ところが、この報告書には、そういう視点からの提言がまったくない。そういう考え方そのものが欠如しているのだ。

私の批判に寄せられた反論はみな見当違いもはなはだしい

私がある雑誌での対談で経構研の勧告をこのように批判したところ、多くの関係者から反論をいただいた。

嚙み合った議論なら、問題点を深める意味で大いに結構だし、歓迎するのだが、どうも経構研メンバーの方の反論は、私にとってもどかしく思われる。

最大のもどかしさは、日米貿易摩擦問題の本質にかかわる問題、つまり、現在の国際収支不均衡の原因は日本にあるのかアメリカにあるのかという点に関しては、私の見解を支持しているのか、支持していないのか、とにかく、なんの反論もしないで、その点を避けて通っていることだ。異論があるのなら、もっと正々堂々と反論して欲しいものだ。

さて、反論のうち、第二章で触れていない部分についてここで検討してみよう。

まず、慶応大学教授の加藤寛氏は『東洋経済』(昭和六十一年九月六日号)に「経構研・前川レポートへの批判に応える」という論文を寄せている。この中で私が奇異に思ったことは次の一文だ。

「前川レポートは、目前の貿易摩擦を回避するために作られたものではなく、二一世紀に日本が世界において果たすべき役割へのプロセスを提示したものである」と大げさに結んでいる。実際はどうかというと、前川リポートがつくられた背景には貿易摩擦問題があった。摩擦の現状が危機的であることを前提にして書かれたことは、リポートに明記してある。それなのに、なぜわざわざ二十一世紀への提言などと言うのだろうか。二十一世紀への提言であるなら、もっと壮大な議論をすべきであって、このような簡単な報告ですむわけがない。これでは、批判に対して問題をすり替えているにすぎない。

さて、加藤氏は小宮隆太郎氏(東京大学経済学部教授)のリポート批判に応える形でこう述べている。

「小宮氏は経済学の世界に都合に応じてとじこもり、政策的判断を非現実的なものとしているのではないだろうか。前川レポートは、政治と経済とのからみあいであり、『政治の経済学』的思考でなければその評価を誤ってしまうことになる」

どうして、突然、政治というわけのわからないものを持ち出してきたのだろうか。これでは話は迷宮入りになってしまう。加藤氏のいう政治とは何なのか。一つ一つ挙げて欲しいものだ。それを吟味しないことには話が進まなくなる。

もちろん、私は、経済の中に政治が入ってくることは承知している。

では、加藤氏におたずねするが、どうして経済の中に政治が入り込むのだろうか。その根本の条件は何なのか。おそらく、加藤氏はこの点を十分には自覚しておられないと思う。

経済の問題に政治の問題が登場する根本の条件というのは、経済を国民経済の問題として考えなければならないからである。国境に拘束された何千万人、何億人という人がいる。日本でいえば、この日本列島に拘束された一億二千万人はここで一生を終わらなければならない。この一億二千万人に十分な雇用の機会を与え、できるだけ高い生活水準を確保する、これが国民経済の根本問題である。

そうして、世界経済は、こういう国民経済がからみ合って成立しているのである。だから国際経済の問題に政治的な問題が登場する。

為替レートや貿易自由化の問題も、実は国民経済の問題なのである。

さらに、加藤氏は歴史認識でも誤りを犯している。これまで、日本のように巨額な黒字を累積し、世界一の債権国になった国は一九一〇年頃のイギリスと、一九四七年当時のアメリカであるが、両国はともに市場開放をして自由貿易を守るために努力した、と述べている。そうして、我が国も自主的にそうすべきである、というのが前川リポートの真意である、と。

自由貿易を守るのがよいのかどうか、という問題は別の個所で扱っているのでここでは触れないが、歴史認識としても非現実的で空想的だ。

まずイギリスが何をやったかというと、その黒字を背景として世界を支配するような経済体制を作った。いわば帝国主義的あるいは植民地主義的な世界支配の経済体制である。これをパックス・ブリタニカと呼んでいる。

その過程で何が行われたか。必要とあれば相手国を侵略したり、滅亡させたりしたのである。前にも述べたアヘン戦争もその一つだ。

そして一方では、イギリス国内は産業が空洞化していった。

現在のイギリスの衰退はその延長線上にあるわけである。サー・ロイ・ハロッドのような代表的な経済学者もそのことをなげいていることは前に述べた。

日本責任論の背後には「経済構造」の意味の取り違えがある

最後に経構研の座長である前川春雄氏（前日本銀行総裁）の反論についても触れておこう。前川氏はいろいろな形で反論をされているが、『エコノミスト』（昭和六十一年九月十六日号）の論文の終わりの部分でこう述べている。

「悪いのはアメリカだ、直さなければならないのはアメリカであって、日本が初めに謝って直すことはないじゃないかというのが、小宮隆太郎さんとか下村治さんなんかの、リポートに対する批判になっている。そういう面もたしかにあるが、グローバルというのは、今度のサミットの経済宣言に書いてあるように、どこの国も構造問題をもっているし、それぞれの国が構造問題を解決するように努力すべきだということである。アメリカがやらないからこっちもやらないと言っていたのでは、世界経済はうまくいかない」

それぞれの国が構造問題を解決するよう努力すべきだというのは、非常に正確な表現である。ところが、すぐあとに「アメリカがやらないからこっちもやらないというのでは、世界経済がうまくいかない」というのではおかしくなる。

では、逆にアメリカと日本を入れ換えてみると「日本がやらないからこっちもやらないと言っていたのでは、世界経済がうまくいかない」となる。今、まさにアメリカは日本に対して、日本が何かやれ、日本がやらなければこっちもやらない、と言っているのだ。

だから、前川氏は、明らかにアメリカの立場を念頭において、日本に責任があるかのような前提に立って話している。すべての責任は日本にある、と。

しかし、このような前提に立って言うと、アメリカがどうするかという話は絶対に出てこない。すべて日本がやらなければならない、という話になってしまう。

もう一つ問題なのは、前川氏は「構造問題」という言葉をあまりに安易に使っていることだ。構造問題とはどういう問題なのか、もう少し厳密に考えるべきである。

では、経済学でいう構造とは何か。それは、国民の貯蓄心とか勤労精神とか、社会秩序を維持する態度などいろいろある。技術水準や技術革新の状態も含まれる。これらはすべて構造的な条件である。経済学では構造的なパラメーターと呼んでいる。

だから、現在の問題に即して言えば、たとえば、アメリカは貯蓄率が低いとか、企業家精神が弱くなったとかいう話が構造の問題である。アメリカは構造問題をかかえている、なんとかしなければ、という話になるのだ。

もちろん、日本にも構造の問題はある。それぞれの国はなんらかの構造問題をかかえているのだが、これが、つまりは国民経済の問題である。だから、各国がそれぞれ構造の問題を解決するよう努力するのは当然である。相手がやらないからこっちもイヤだ、というような問題ではない。

それが世界経済の当然の姿である。

ところで、現在の摩擦問題は構造の問題であろうか。それは違う。第一章で述べたように、アメリカが非常に輸入超過である、日本は非常に輸出超過である、というような問題は構造の問題ではないのだ。それなのに前川リポートでは「我が国の目指すべき目標」という中でこう書いている。

「経済収支の大幅黒字は、基本的には、我が国経済の輸出指向等経済構造に根ざすものであり、今後、我が国の構造調整という画期的な施策を実施し、国際協調型経済構造への変革を図ることが急務である」

ここで出てくる「構造」というのは、私がいま述べた「構造」とは違う。構造というものの意味が理解されていない。現在の大幅黒字はアメリカがむやみに輸入したために起こったものにすぎない。そのことは前にも触れたように、現在の日本の輸出超過は五十八年から急に生まれたことを見ても分かる。

したがって、「構造」という言葉はこの現象には当てはまらない。おそらく日本に構造的な条件があって輸出が増えたというように誤解しているのだろうが、実際はそうでないことはハッキリしている。

もちろん、日本に年間四百九十億ドルもの国際収支黒字を支えるような経済的な構造が成立していることは間違いない。日本にそういう輸出産業が成立していることは明らかである。しかし、その姿を見てこの構造が原因だと思うのが間違いなのである。もっと動的に見て欲しい。前の個所で朝鮮動乱の例をひいて説明したので重複は避けるが、現在の姿は、アメリカの異常な輸入によって引き起こされた特殊なものにすぎない。

それなのに構造と誤解して、あたかも摩擦問題が日本経済の構造に原因があるかのように錯覚し、日本の国民経済の方向を転換されてはたまったものではない。前にも触れたように、六十一年一月段階では、日本は加害者であると断言していた佐藤隆三氏は、九月になると、次のような一文を『エコノミスト』(九月九日号)に載せている。

「理解できないのは米国人以上に近ごろでは日本の有識者とされる人々が、この種の〝消費、怠慢、贅沢のすすめ〟を中心とした〝日本の新しい道〟を提唱していることだ。……貯蓄をやめ、勤勉であることをやめ、〝豪商カネ貸し国家〟から〝消費・享楽型大尽国家〟への変身は、早すぎる」

佐藤氏もついにここまで考え方が進歩したか、という感じだが、ようするに国民経済というものを中心にすべての問題を考えなければならないのである。

内需拡大論は日本経済を破滅させる

問題解決のために内需を拡大する、という話もピントが狂っている。なぜなら、日本が輸出超過構造の経済になっている、ということ自体が間違いだからだ。問題の原因は日本にはない。

しかし、そうは言っても、もしも日本が内需を拡大でき、それで問題が解決するのなら内需拡大してもよいだろう。しかし、それは不可能なのだ。日本の経済には○・○何パーセントの成長条件しかないからだ。

まず、財政の面で需要を増やす余地はまったくない。建設国債をどんどん増やして公共投資をやれという声もあるが、いずれ支払金利がどんどん増えるので、財政は破綻してしまう。このことはレーガン大統領がすでに身をもって証明している。よく、今の日本は公共投資が少なすぎる、といわれる。ヨーロッパの下水道を見よ、というわけである。しかし、これはまったくの錯覚だ。日本の公共投資は世界一である。

国民一人当たりで見ても、あるいは面積当たりで見ても、ヨーロッパのどの国よりも二倍か三倍は大きい。もちろん、ヨーロッパに比べて日本は大きな国だから、絶対額では圧倒的に巨額であり、アメリカと比べても日本の方が大きいのである。

アメリカはGNPでは世界一だが、公共投資では日本が世界一なのである。なぜかというと、アメリカは軍事費に多くを注ぎこんでいるのに対して、日本は軍事費を抑えているため、その分、公共投資にカネが回っているからだ。したがって、公共投資が小さすぎるから増やせ、という議論は成立しない。

内需拡大のために国債をもっと増やせ、という話は、基本的に間違っているのである。

では、消費をむやみに増やすか。

私は日本人の消費態度は非常に健全だと思うし、消費抑制的な状態というのは日本の経済にとって宝なのだが、消費をむやみに増やすためにはその宝を破壊する以外にない。

浪費的な国民に変える以外に消費を増やす余地はないのである。

しかし、一度、国民が浪費的になってしまうと、もう元には戻らないであろう。メチャクチャな国民になってしまう。それをアメリカがやれというなら、それは大変な内政干渉だ。日本の社会を破壊せよというのと同じだからだ。

となると、あとは設備投資しかない。

そこで、問題は、設備投資は何のためにやるかである。それは、輸出を増やすためであり、あるいは、輸入を減らすためであるかもしれない。つまり、設備投資をどんどんやったら、国際収支の黒字は増えていく。したがって、設備投資を増やせば内需主導になるなどという議論は、いったい何を考えているのか、ワケが分からない。

おそらく、こういう人は、日本の経済が自律的に成長できると思っているのだろう。しかし、それは間違いだ。もし、日本にそういう要素があるなら、輸出がこれほど好調だった時期にその姿が顔を出しているはずである。どうして眠っていたのだろうか。それは存在しないということの実証である。

また、輸出がこれほど好調でも出てこなかった自律的拡大の芽が、政府が少し購買力をつけたぐらいで出てくるはずもない。それを信じる人がいるとすれば、それは滑稽なことだ。幻想にすぎない。

経済が活発に自力で伸びるとは、どういうことだろうか。まず、国内で非常に活発な需要増加の可能性がなければならない。そして、つぎに産業界はその需要増を確信する。それから、では設備投資して需要増に応えましょう、ということになるのである。つまりは、新しいフロンティアが生まれる以外にない。

そこで初めて、設備投資主導、つまり民需主導の経済成長が可能になるのだ。

ところが、過去四年間、これほど輸出が激増しそれにつれて設備投資も増えたのに、国内需要がどんどん増えるという動きは一つもないのである。国内市場はただただ落ち着いているだけだ。このため、国内市場向けに生産能力を拡充する、という動きはまったく出てこなかったのである。

こういうわけで、設備投資による内需拡大を考えるヒマがあったら、むしろ設備過剰をどうするかを心配した方がよい。これまで、輸出増加をあてにして設備投資が行われてきたが、これらが完成すると生産能力は今よりさらに高まることになる。ところが、輸出はどうかというと、増加どころか減退する傾向にある。増強した設備による製品はどこに売ればよいのか。

まったくの過剰設備になる。このように無理矢理に内需を拡大して輸入を増やし、拡大均衡をはかろうとすれば必ず破滅する。それがいかに無謀であるかはレーガン大統領がアメリカ経済の実績で見事に証明していることである。それなのになぜ敢えてその二の舞を演じようとするのだろうか。

第七章　ドル崩落の危険性はこれほどある

もう日本は何兆円もの損をしている

最近、アメリカでは「Bのつく財務長官のときはドルが暴落する」というジンクスを口にする者がふえているそうだ。かつて、一九七八（昭和五十三）年のドル暴落の時の財務長官はブルメンソール長官だった。だから現在のベーカー長官の時も注意しないと、とんでもないドル安になり、インフレを引き起こしかねない、というものである。

あれほど強気だったアメリカもとうとう現実を直視せざるをえなくなってきたのだろうか。

私は、アメリカのこういう懸念は当然だと思う。むしろ、気づくのが遅すぎる。

ではどうして、ドル崩落の危険があるのか。それは、適度なドル安円高を維持するための条件がアメリカにそろっていないからである。

そこで、適度なドル安円高が定着するにはどういう条件が必要かである。まず、アメリカの金利が十分に低下し、アメリカの輸入超過が事実上なくならなければならない。しかし、そういう状況はドル安円高に人為的に誘導するだけで実現するはずがない。

これを実現するには、何よりもまずアメリカが財政赤字をなくすよう努力しなければならない。そしてさらに、これまでのような消費膨脹に引っ張られた経済拡大を消滅させる必要がある。

つまり、経済を縮小しなければならない。ところが、アメリカ政府は輸入需要を異常にふくらませたままで、ドルレートを調整しようとしているだけなのである。

しかし、これでは基本的な解決にはならない。したがって、もし、ドル安円高効果を持続させせようとするなら、無期限に、大量のドルをばらまいて強力に為替市場に介入するほかない。

しかし、こうなれば世界中にドルが氾濫してしまうだろう。力強くて健全なアメリカ経済どころか、不況とインフレにあえぐアメリカ経済が再来することになる。

そういうアメリカに世界の投資家たちはどこまで信頼を置くだろうか。アメリカのドルを見限って、世界のカネがアメリカから流出する可能性は十分予想される。

たとえば、アラブではすでにカネ不足になっているため、買っていたアメリカの国債を現金化して何かに使うとか、あるいは、当面不要なカネであれば、ドル以外の通貨に交換することもあるだろう。

また、日本などは余ったカネでアメリカの国債などを買っているが、アメリカのインフレでドルの資産価値が減価すると、それに耐えきれなくなって手放すということもあるだろう。

というのは、現在でもすでに何千億円とか何兆円もの損をしているのである。ただ、今のところはまだ蓄積があるためなんとか持ちこたえている。損が出ても全体でカバーしてなんとかやって行けるという計算が成り立っているのである。しかし、この損失がもっと大きくなるなら、そういう計算もあやしくなってしまう。

危険なのは、そういう時だ。多くの人が危険だと思った時が最大の危機である。おそらく、いっせいにアメリカからカネが流出するであろう。

したがって、ドルの崩落はだらだらやって来るのではなく、一挙に、ドカンとやって来る。しかも、その時期はそれほど遠い将来ではない。今や、いつ起こってもおかしくない状態である。だからアメリカではそれが懸念されているし、ボルカー・アメリカ連邦準備制度理事会議長もそのことを心配している。

破滅への道を急ぐアメリカ

このように事態は切迫しているのに、アメリカは、相変わらず、本当の問題はどこにあるのかをさとらず、あるいは回避して、日本や西ドイツを責め立てるばかりである。そうして、やっと財政赤字の解消に本腰を上げたかと思うと、なんのことはない、ちゃんと抜け穴を用意している。

本気で財政赤字を減らそうとしないのである。

では、もしこういう姿勢をアメリカが取り続ければどうなるだろうか。行き着く先はアメリカの破滅である。何もしないで指をくわえていることは、とりもなおさず、破滅への道を急いでいることを意味する。

その破滅とは、どういう状況なのか。

まず、先に述べたドルの崩落があり、アメリカ国内は金融的に大混乱をきたし、また、大インフレに直撃されるであろう。そこで、政府は、それではとてもアメリカらしい経済運営ができないとさとり、なんとかまともな状態に戻ろうとする。この状況が破滅の状況である。

言うまでもなく、破滅といってもアメリカそのものがなくなるのではない。また、アメリカの強さがなくなることでもない。強大なるアメリカという実態は少しも変わらない。ただ、その強大な国の国民が外国からの借金で生活しているのがおかしいわけで、それを直すのが当たり前なのにイヤだと言ってダダをこねている。ところが、いずれはもうダダをこねられない時期がくる。それが破滅の時期なのである。否応なく姿勢を正さざるをえなくなる。その時の混乱が破滅である。したがって、かつての世界大恐慌とは事情が違う。

あの恐慌はなぜ発生したかというと、当時の為替は金本位制だった。そして、いわゆる隣人窮乏化政策（ベガー・マイ・ネイバー・ポリシー）によって、各国とも輸出超過で経済を豊かにするという貿易政策をとった。つまり、自国さえ黒字をためればよい、という方針だった。

このため、今度は為替切り下げ競争がはじまる。今で言えばドルと円が切り下げ競争をして、互いになんとか輸出を増やそうとするわけである。

しかし、これではうまく行くはずがない。各国が、一斉に、輸出を増やし輸入は減らしてその差額を極力大きくすることが、自国の経済を強くすることだ、と考えていたのでは、世界市場がうまく行くはずがない。みんなが輸出超過だということはありえないからだ。今アメリカで、保護貿易主義を避ける、保護貿易主義は悪いことだと盛んに言っているその保護主義とは、こういう保護主義のことである。

ところで、このように各国がたたき合いをやり、為替レートの切り下げ競争をやるとどうなるか。経済はグルグルと螺旋状に縮小の方向に落ち込んでしまう。そういう状況がかつて金本位制のもとで起こったのだ。このため、生産は縮小する、雇用も縮小するという形になって、ついに大恐慌が起こったのである。

だからアメリカは、保護貿易主義をなんとか回避すべきだと言うのだが、現在の先進工業国で起こっている問題と、当時の状況とはまったく異なる。当時は、輸出超過を出さなければならない、といって各国が競争した保護貿易主義だったが、現在の保護貿易主義は、輸入超過に悩んでいる国が、なんとか輸入超過を減らすためにとろうとしている政策である。

このまま放置すれば、たとえアメリカでも国の経済が立ち行かなくなるのだから、これは当然のことである。また輸入超過国が輸入超過を減らすことが世界経済にとってなぜ困るのか。

輸入超過国が輸入超過にならない程度にまで国内産業を保護するというのは、国内産業の雇用維持政策である。これを悪い政策とは言えないし、またこの政策をとったからといって、世界経済が螺旋的に縮小することはありえない。

この点が混同されているのだ。

目先の問題に即して言えば、日本からアメリカへの輸出が激増している。これに対してアメリカがとるべき政策は輸入を減らすことである。ただ、どうやって減らすか。一つは、保護貿易主義を採用することである。輸入制限とか、輸出自主規制を相手国に要求するような立法を議会で行うという動きは、当然のなりゆきである。

しかし、もしアメリカ国内の購買力を大きくしたままの状態でこの措置をとれば、国内は品不足に陥り、インフレに見舞われる危険性がある。こうなると、なかなかアメリカの経済は正常な状態に戻れないうらみがある。したがって、こういう措置は単なる弥縫《びほう》策にすぎず、合理的な政策とはいえない。しかし、アメリカがそういう政策を採用すること自体は、なんら害悪ではないのである。

では理想的な解決策は何か。それは後で述べるように、財政均衡化政策をとって輸入需要を減らすことであろう。

どこまで円高が進行しても摩擦は解消しない

最近になって、この急激な円高に抗しきれなくなった鉄鋼や造船業界などが、とうとう従業員の整理に動きはじめた。しかし、円高の影響はそれに止まらない。日本の経済成長そのものが、予想を裏切って低水準を余儀なくされている。

それなのに、肝心のアメリカの国際収支はどうかというと、一九八六年の対日赤字は史上最高の七百億ドルに達する見通しだと発表されている。これはどうしたことか。

実は円がいくら高くなり、ドルが安くなっても国際収支が均衡するための条件はなかなか出てこないからである。現在の、アメリカの輸入超過、日本の輸出超過の問題は、単に為替レートだけの問題ではない。アメリカの輸入需要が増えすぎたということが問題の本質なのだから、為替レートをいくらいじっても解決は得られない。

為替レートというのはもともと、貿易している国と国の間の競争条件を均衡にする、という方向に働くものである。だから、これ以上は上げられないという生産の能率や賃金、つまり限界的な能率や賃金をそれぞれ同じくする方向に動く。このため為替レートを正常な状態にしていれば、そのレートで換算することによってGNP金額を正しく比較できるようになる。

これは付加価値生産性についても同様に妥当するからである。やはり為替レートの調整によって条件を同じにし、全体的な国民経済を等質的なものにかえていくのである。

ところが、実際のレートはそうではない面がある。正常な水準を逸脱して、高すぎたり安すぎたりする。

その理由は、一口に国民経済といっても、各産業分野は生産性がバラバラだからだ。生産性の高い部門もあれば低い部門もある。だから、生産性の高い部門は少々為替レートが上がっても競争力があるためにどんどん輸出する。これに対して弱い部門は輸出どころか、国内でも輸入品に太刀打ちできないという状況に直面する。

したがって、輸出産業と輸入産業が生まれることになる。そして、両者が均衡する位置に為替レートは落ち着くことになる。

ところが為替レートが落ち着いても、生産性の高い部門にとっては、実力より低い位置に為替レートがあるため成長拡大する条件が揃っている。そうするとどうなるか。その部門だけが不釣り合いに拡大してしまうのだ。発展途上国の場合、そのような突出を出発点としてそれを経済全体に拡充し、成長率を高めてゆくのである。最近の日本の場合は輸出産業の競争力が非常に強いためその輸出だけが突出してしまい、輸出主導の経済成長になって国際収支が大幅な黒字になってしまった。

ところで、為替レートを円高にすることでこの状態を是正することができるだろうかというと、なかなかむずかしい問題がある。一つの理由は、たとえ円高になっても輸出産業は合理化を重ねてコストダウンをはかり、なんとか輸出を維持しようとするからだ。また、アメリカの赤字に関連していえば、円高になってもドルにリンクしている国がたくさんあるため、そういう国が日本に代わってアメリカに輸出するし、一方では、アメリカの産業が空洞化して輸出できなくなってしまっている、という事情もある。

そして、もっと重要なのは、ドルが、もうその価値がなくなったにもかかわらず、世界の基軸通貨であるかのように思い違いされている、ということである。

基軸通貨というのは、すべての国が外国に支払うための準備として蓄積できるように、絶大なる信用と実力を備えた通貨を意味する。かつてのドルはそうだった。アメリカ経済が世界の経済を支えていたからだ。世界経済が安定し正常に均衡するための条件は、このようにアメリカのような超大国がしっかりした経済運営をし、世界経済全体を支える実力を持つことが必要である。また、そういう場合にこそドルは世界の基軸通貨としての地位を占めることができる。

ところが、最近ではレーガン大統領による経済の異常な運営によって、アメリカはかつての実力を失っている。このためドルは基軸通貨としての地位を維持することがむずかしくなっている。基軸通貨が減価するようになっては、外貨準備として蓄積することに不安が生まれるからだ。

それなのに、今になっても世界のカネがアメリカに流入しているのは、まだドルが世界の基軸通貨であると信じこまれているからだ。

これでは為替レートをいくらいじってもムダである。なにしろアメリカでは、内需を異常に拡大しているためいくらでも買うし、売る方ではアメリカのドルを信用しているためにいくらでも売る。

これでは為替レートをいくらいじっても同じことだ。

では、為替レートを円高ドル安にしても、日本の輸出超過がかえって増えているのはなぜだろうか。それはJカーブ効果が二段にも三段にも働いているからだ。

輸出超過が大きいので為替を上げた、為替を上げたから、輸出のドル表示価格が上がり、そのために輸出超過が大きくなった、輸出超過が大きくなったから再び為替を上げた、という形の悪循環がはじまっているのである。

もちろん、日本が円高以上に値下げすればそういう現象は起こらないが、値下げにも限界があるのでこういう現象が発生する。また、このように二段三段のJカーブ効果があるということは、それだけ日本製品の競争力が強いということでもある。

これではどこまで悪循環が続くのか果てしない感じだが、もちろん、ある時点で局面はガラッと変わるだろう。

貿易摩擦の解決策は日本が輸出を三割減らすこと

実は、為替レートで問題を解決しようとすると、もう一つの障害がある。前にもちょっと触れたが、アメリカへ輸出しているのは日本だけではない。カナダや韓国や台湾などいくらでもある。しかも、これらの国の為替はドルと連動しているので、円とドルのレートがどうなろうと関係ない。

こういう点から言っても、為替レートで問題を解決できると思うのはまったくの見当違いであることがわかる。

ところで、円高ドル安を演出して日本の輸出超過をなくそうとすれば、最後にはどうなるのだろうか。

おそらく、さきにも述べたように、日本の輸出産業は必死になってアメリカへ売り込みをつづけるだろう。これは産業界の当事者の考え方しだいだが、いくらでも安い値段をつける覚悟があれば、いくらでも売れるのは間違いない。しかし、現実的にはそうはいかない。では、どういう事態になった時にこの悪循環はとまるのか。

それは、一ドルが百円にでもなったときであろう。

この水準までいけばお手上げになる。つまり、ここまでくれば、日本の輸出産業の経営者は会社を放り出すような決断に迫られるかもしれない。それまでは、なんとか従業員の生活を支えたいとか、なんとか会社を存続させたいと思っていたのが、ここまでくると、背に腹はかえられなくなると思われる。

だからといって、これを境にドル高円安になるのではない。

数量面では輸出が激減しても、非常な円高を反映してドル表示の輸出金額は大きいかもしれない。

●Jカーブ効果　為替レートを変動制にするのは、国際収支の黒字がつづくと円高になって輸出が減り輸入が増えるという形で貿易収支の黒字が減り、やがて赤字になって、今度は逆に円安になる、というように自動的に国際収支を調整するためである。ところが実際にはこの理論とは逆の現象が現れることがある。この現象をJカーブ効果という。その理由は、主として円高の効果が輸出入にひびくのには時間がかかり、即時的な反応が起こらないために、ドル表示の金額ではかえって黒字が増えてしまうからだ。

らである。

つまり、こういうことだ。非常に単純計算でいけば、輸出数量が三割減っても円レートが三割高くなれば輸出金額は同じなのである。だから、現在の輸出超過が七百億ドルだとすれば、その金額の輸出超過は残るのだ。それなのに、国内での生産活動は前より三割減っているのだから、日本にとっては大変なことなのである。

それが、もし八割の円高だと想定してみよう。なんと国内の操業は八割縮小することになる。それでも輸出超過は不変なのである。もちろん、これは単純計算だから厳密にはこうはいかないにしても、イメージとしては分かってもらえると思う。

要するに、為替をフロート制にして、為替調整だけで輸出入の数量を完全に調整することはムリだということである。

やはり、国際収支の不均衡を是正するには為替レートをいじるのではなく、日本の輸出量を三割なら三割減に抑えてしまうことだ。そうしたら受取金額は三割減って効果が出る。なにも円レートを上げる必要はないのである。日本がとれる方法としてはこれが最も簡単であり、スッキリしている。

もちろん、アメリカ側にとっては問題が解決したわけではない。なぜなら、アメリカは、日本からの輸入が減った分を他の国からの輸入で補うだろうからだ。だから、日米貿易摩擦問題の最終的解決はまだ達成されていない。真の解決はアメリカが輸入需要を十分減らすことでしか得られないからである。

ただ、問題は、自動車や電気機械など日本の輸出産業はなかなか輸出削減に応じないことだ。売れるのになぜカットするのか、安くてよい品物だから売れるんだ、売れるように開発に努力してきたのに、その努力を無にするのか、というわけである。

全体のために自分を制御するという気持ちが出て来ない。

昔の挿話にこういうのがある。

口の小さな壺にお菓子が入っている。子供がそのお菓子をぬすもうとして手を突っ込んでそのお菓子をつかんだ。そしたら、つかんだ手が出てこなくなり、大騒ぎになる。そして、結局、壺をこわしてようやく手を出すことができた。

では、なぜ手が出なかったのか。お菓子を握ったままではなさなかったからである。

輸出産業の企業も同じことだ。ここまで増えたのを減らすとは何事か、というわけである。増えたのは自分の能力があるからだ、増やす能力のある者は増やさせるべきだ、それが自由貿易の原理ではないかというわけだ。だから、全体をみて調整しましょうと

●為替フロート制　異なる通貨の交換比率を為替相場というが、これには固定相場制と変動相場制（フロート制）がある。円はかつて一ドル三百六十円の固定相場制だったが一九七一年のニクソンショックにより世界の主要国が変動相場制に移行し、日本円もそれにならった。

いう気持ちにはなかなかなれない。

このままでは、事態は深刻になるばかりなのだが。

アメリカにある日本の資産は支払停止される

ところで、事態がこのまま悪化して、現実にドル崩落が起こると、アメリカはどういう措置をとってくるだろうか。

それはモラトリアムである。

アメリカにある日本の資産は支払停止を受けるに違いない。こういうと大袈裟に聞こえるだろうが、その可能性は非常に大きい。これまでもアメリカは何度となくやっているのだ。たとえば、東ヨーロッパ諸国に対して懲罰の意味で支払停止をやったことがあるし、アラブの一部の国に対しても懲罰的にやったことがある。

また、間髪をおかず支払停止すればそれほど世界経済に混乱は起こらない。ただ、貸している方では金融混乱が起こるであろう。

こう言うと、本当にそういうことをアメリカがやれるのだろうか、と疑う向きもあるだろう。しかし、支払停止措置はメンツを考えなければ決して不可能なことではない。緊急事態になったことをアメリカが国際会議で報告し、世界経済の安定のためにぜひ支払停止が必要だと強調し、それで決定すればよい。大きな顔をして支払不能になれるわけである。

アメリカの実力をもってすれば、世界中をモラトリアムに引きずり込むことはできるのである。なにしろ、世界といっても相手は日本と西ドイツ、その他のＥＣ諸国にすぎないからだ。

では、その影響は日本にはどう出るかというと、我々の生活にはそれほど関係ない。要するに銀行や証券会社や保険会社がせっせと買っている国債などがダメになるにすぎない。だから、新聞の経済欄には、どこそこの銀行が赤字になった、どの証券会社が行き詰まったというニュースが載ることになる。現在、保険会社は必死になってアメリカの国債を買いあさっているが、そうなった時、そういう会社の社長はなんと言い訳するだろうか。

それはやがて経済活動を阻害し、所得や雇用に問題をおこすようになるのは避けられない。しかし、そこで、日本人の生活そのものが無くなるわけではない。

ドルに対しては今のところ信頼がある。信頼というのは精神的、心理的な問題なのだが、では、われわれはどうしてドルを〝心理的〟に信頼しているのか。それは、ドルの背後には強大なアメリカ経済があるからだ。あのアメリカの通貨が紙屑になるわけがない、という心理的な働きがあって信頼され、国際的に通用している。

では、ドルはアメリカ経済が没落しないうちは、つねに信頼を受けるだろうか。

ここで、注目して欲しいのは、たとえアメリカ経済の実力が不動であっても、金融的には、ドルが高くなるか安くなるかに関して、信頼が揺らぐ可能性があるということだ。もし、アメリカの経済がインフレになりそうだ、という〝心理〟が働けばドルを持っている人たちは、一時的にでも他の通貨に換えようとし、そのためにドルの価値が下がる。もし、こういう心理が広く一般的なものになれば、それだけドルは急激に売られるようになり、一挙に崩落することになってしまう。

これは、ドルを見限ったからではない。一時的な避難である。ドル価値が安定したら再び戻ればよいというような気持ちである。

では、投資家がドルの下落を心配するようなインフレは、いつ、どうして起こるだろうか。

旧国鉄を想定してみよう。営業収入は減るのに人件費はかさみ、資金繰りは悪化するばかりである。これではいけないというので国鉄債券を発行する。もちろん、国有鉄道というものに対する信頼は高いので、投資家たちは買うであろう。

ところが、国鉄の経営はよくなるどころか悪くなる一方である。そのため、さしもの投資家たちも国鉄の経営に対する信頼が揺らいで債券を売りにでた。そうすると、国鉄はたちまち資金繰りに行き詰まり、とうとう電気を止められ、資材も購入できない、ましてや十分な賃金も出せない、という状態になった。こういう時、政府はどうするだろうか。なんとか列車を動かすためにカネをどんどん注ぎ込むであろう。

現在のアメリカは、ちょうど債券を発行してなんとかしのいでいる状態である。しかし、国鉄と同じように、経営のやり方がまずいため経済は悪化するばかりである。いつ、投資家たちがアメリカの国債を投げ出して、カネをアメリカから他の国へ移動しないとも限らない。そういう状態なのである。

そして、もし投資家たちがそういう行動に出たとすれば、どうなるだろうか。ちょうど、政府が国鉄にカネを注ぎ込むように、アメリカ政府もアメリカ経済にどんどんドルを供給するであろう。こうなると一挙に大インフレになってしまい、ドルは崩落して金融パニックに近い状態になる。

つまり、商取引にともなう決済がうまく運ばなくなってしまう。経済が混乱することは言うまでもない。

では、その時期はいつか。アメリカ政府はいまだに真剣に現在の問題と取り組んでいないため、確実に、五年から十年以内には必ずこういう悪い結果が出てくる。

もっとも、それまでの間に、日本もかなりおかしな状態になっているだろう。政策の間違いによって混乱し、からみ合って経済状態が不健全になっているはずである。たとえば、内需拡大をやるとなれば、財政再建は宙に浮き、経済状態はますます妙な形になっているだろう。したがって、現在の円高が円安に変わることもありうる。もっとも、その前にアメリカの方がもっと悪くなるかもしれないし、その辺になるともう予言の領域だ。

ただ、いずれにせよ、両国とも悪くするための競争をしていることは確かである。

第八章　日米は縮小均衡から再出発せよ

アメリカは輸入が激減するような手を打て

もうこれまで何度も言ったことだが、現在の状態というのは、アメリカの輸入激増でムリヤリに押し上げられた状態である。レーガノミックスによってアメリカの経済が膨脹したことが問題の根本なのである。

もちろん、こういう状態は健全で正常な状態とはいえない。いずれ修正しなければならない一時的な状態である。ところが、アメリカ政府や日本政府はどういうわけかそういう認識がない。そこが問題なのである。

レーガン大統領が言うように経済は非常によい状態だ、だからアメリカが言うようにこれから三パーセントや四パーセントの持続的経済成長が期待できるに違いない。それを前提にして世界経済を上向きに調整する道をみつけるべきだ。そのためには、日本やヨーロッパがアメリカの肩代わりをして、それぞれ赤字政策をやるべきだ。それで万事がうまくいく――というわけである。

しかし、これでうまくいくわけがない。世界中の財政赤字が雪ダルマ式にふくらむだけである。これによって国際収支の赤字は、アメリカは一時的に好転するかもしれない。しかし、再び増勢に転じる。また、ヨーロッパは一時的に黒字の増加がとまるが、再び増える。日本は国際収支で赤字こそ出ないが、財政がメチャクチャになってしまう。

経済は一見、ふくらんでいるように見えるが、実際は、火の玉をあわてて回しているだけだ。手が熱くなって我慢できなくなったら隣に渡す。隣はしばらく持っているが、我慢できなくてさらに隣に渡す。しかし、何度も回しているうちに、手の抵抗力がなくなって、火の玉を持った瞬間、投げ出したくなってしまうだろう。投げたらもう終わりだ。

肝心なことは火の玉を回すのではなく、火の玉をなくしてしまうことだ。そのためにはどうすべきなのか。

やはり、火の玉の原因になったアメリカの輸入を削減するほかない。

ところが、日本人はどうしてもそうは考えない。なんとなく、日本は輸出が増えなければ困るんだという意識があるからだ。輸出を増やすのが至上目的で、それができれば世の中はうまくいくという錯覚がある。特に輸出突出を推進している産業部門の人にはそういう意識が強い。そして、中曾根首相にもそういう感覚がある。

ところが、日本の輸出が増えるとアメリカなどから苦情がくる。これは当然だ。そこでどう考えるかというと、市場を開放すれば輸出の増加は維持できるんだと思ってしまう。こうすれば、日本の経済は成長を続けながらうまくいく、と。この考えがアメリカの要請と結びついて、なんとか輸出増加を維持するために他の部門は我慢すべきだ、市場開放要求を受け入れようではないか、それが合理的だ、ということになってしまう。

もちろん、このやり方がうまくいけば、その分だけ日本の国民全体の所得水準はやや改善されるかもしれない。

しかし、いくら市場を開放しても、輸入がそれほど増加するわけではない。そうならないにはそうならないだけの経済的背景がある。しかもその背景は歴史的な伝統という形で重みをつけて存在している。

たとえば、今、コメの完全自由化が主張されている。それにそのままこたえる理由はないが、もしそうしなければならないとなったら、日本のコメの輸入はどうなるか。

おそらく、米作農民は新しい条件下での米作に成功して、輸入米の多くを排除するようになるにちがいない。だから、輸入米は、それほど増えない。

アメリカの国際収支改善は、期待通りには実現されない。もし自由化の結果、鉄鋼や自動車の輸出が自由化されて、それが大きく伸びることになれば、日本の輸出超過は全体としてかえって大きくなってしまう。したがって、日本の輸出超過、アメリカの輸入超過を解消するという問題はそのまま増幅されて残ってしまう。

そもそも、輸出を維持拡大するために輸入をいくらでも拡大することが正しいわけがない。

日本の輸入はGNPのどれくらいを占めているかというと、そう大きくはないが、小さいとも言えない。普通の状態である。ECのドロール委員長が、

「日本のGNPに対する輸入比率は一〇パーセントである。これに対して西ドイツは二五パーセントだ。だから日本は西ドイツ程度には輸入を増やすべきだ」

と発言したが、これは無茶な話だ。

なぜかというと、西ドイツの人口は六千万人であるのに対して日本は一億二千万人だ。約二倍なのである。

人口が二倍ならそれにふさわしい職業、就業の機会にバラエティがなければならない。多種多様な職業がなければならない。そうすると、おのずと輸入しないで国内でつくる品目が多くなる。

これは当然のことである。だから、輸入比率が低くなるわけである。

このことは、さらに他の国を見ればはっきりする。

西ドイツの輸入比率が二五パーセントなのに対して、人口が一千万人にも満たないベルギーは三五パーセントから四〇パーセントと高い。逆にアメリカはどうかというと、

現在は一〇パーセントを越える状態である。つまり、人口が少なければ輸入依存率が高くなり、多ければ低くなっているのである。

もっともアメリカの場合は本当はもっと低くなければいけない。GNPの五パーセントから六パーセント台が正常である。高すぎるから輸入超過に悩んでいる。

では日本はどうかというと、人口では西ドイツとアメリカの中間である。だから、輸入比率は一〇パーセントから一一パーセントが正常な姿である。したがって、決して日本は輸入を異常に抑えているのではない。

だからこれを無理に大きくしようとすると、今のアメリカのように輸入超過経済になるのである。

自国の経済は自国で責任をもって安定化させよ

もっとも、市場開放論者たちが目の敵《かたき》のようにしている農産物については、確かにおかしな現象がある。

どんなに円高になってもコメの価格は下がらない、牛肉もダメという状況がある。しかし、一方では消費者の方もなぜか安いものを買わずに高いものを買うという傾向がある。たとえば、ビニールハウスでカネをかけて作った野菜は売れるのに、露地栽培の畑でできた曲がったキュウリは売れない。本当は栄養的にも経済的にも曲がったキュウリの方がいいのだが、なぜかこういう現象が出てきている。

おそらく、長期にわたるおかしな農業生産体制の中で、国民の食糧に対する考え方が狂ってきたのだろう。しかし、逆に、こういう国民の狂った食生活が、おかしな農業の食糧生産体制を維持している面もあるのだ。

こうして、コメの価格はすでに経済ではなく政治の問題になっている。選挙に投票する人たちが、農業生産を厳しい試練に耐えさせるようなことを許さない。ぬるま湯につかった状態にさせておいてくれ、と言って政治を動かしている。

農民の生活維持の論理が政治を動かしているわけである。

外国人が何といおうと、日本人が選んでしていることである。そのことが不合理だとわかっていても、別の観点からあえてそれを選択したのである。そういう選択を改善する必要があるなら、それはすべきである。しかし、それを外国人から強制されることはないはずである。

まして、コメの場合のように、外国で安く生産する能力が余っているから、日本はそれを買うべきであると迫られる筋合はない。そういうことなら、日本には十分にアメリカ人を満足させられるだけの物、たとえば自動車を生産する能力が余っているから、これをアメリカは輸入すべきだという議論とすれちがいになるだけである。

強いものが勝つという自由貿易の論理が、こういうところに勝手な形で登場しては困るのである。

重要なことは、アメリカの消費過剰という国内問題が、世界から商品をかき集めるという結果を招き、それが現在の問題を引き起こしていることだ。

しかし、これは、アメリカの国内問題なのである。問題解決の根本はアメリカ自身の決意と覚悟にかかっている。にもかかわらず、どういうわけか、国際責任論とか国際協調論とかいうのが闊歩《かっぽ》している。

アメリカが世界中の景気をよくしてくれたのだから、この問題は国際的に取り組むべきだというわけである。

確かに、アメリカが世界の景気をよくしたという面はある。なにしろ世界中からどんどん輸入したため、各国の経済活動はアメリカの輸入引き合いに適応して生産活動を高めていった。もちろん、日本も例外ではない。日本の場合はとくに、アメリカ向けだけでなく東南アジアやヨーロッパにも輸出しているが、そういう地域もアメリカ向け輸出によって経済が伸びているのだから、間接的にも日本は大きな〝恩恵〟を受けている。

また、これまでの累積債務国も問題をアメリカが肩代わりしてくれた形になって、非常に助かった。

しかし、だからと言って、砂上の楼閣を支えてもしようがないのである。何をやってもダメだからだ。もし現在のアメリカ経済という建物が、国際協調によって補修すれば百年でも二百年でも大丈夫だというなら話は別だ。しかし、そうではなくて、砂上の楼閣なのだから、補強するそばから傾いてしまう。これではどんな補強も無意味なのである。

だから、基本的に大事なことは、病気は各国が責任をもって治すことである。自己責任の原則にしたがって、自国の経済は自国で責任をもって安定化させなければならない。累積債務国はそれをやらなかったから、累積債務になったのだ。

アメリカとて例外ではない。レーガン大統領はアメリカ経済を活力あるものにする、といってあの独特な政策を実施した。決して、世界を救うためにアメリカは世界の犠牲になります、と言ってああいう政策をとったのではない。発展途上国の赤字はアメリカが負担します、と言ったわけでもない。

それなのに、このようにアメリカ経済がメチャクチャになったのは、政策が間違っていたからだ。だから、問題を解決するためには、責任を他国に転嫁するのではなく、その間違いをたださなければならない。経済膨張が間違っていたのなら、それを直す必要がある。

それこそが問題解決の唯一の方法であり、それ以外にはない。そして、これができるのは、アメリカをおいてほかにないのである。

それにもう一つ言いたいのは、自国の経済を維持するために必要な貿易の条件を、他の国になんとかしてくれ、という姿勢である。

日本がここまで来る過程においては、非常な苦しみがあった。貿易収支の均衡を維持するために苦しみ抜いてきた。しかし、決して外国に対して、なんとか支えてくれと頼んだこともないし、支えられたこともない。黙って歯をくいしばって我慢してきたのだ。

それが本当の姿だと思う。

アメリカもそれをやるべきだ。自分がまいたタネであり、なおかつ、自分以外にはなんとも出来ない問題なのだから、自分でやるしかない。

どうやるのか。最初から言っているように増税をやり、歳出削減を断行してアメリカ国内の購買力を抑え、消費狂いの現象を一掃することである。それによって、輸入を激減できる。

世界同時不況を覚悟するしか解決の道はない

では、もしアメリカが、現在の問題を自己責任で解決するために大増税と歳出の大削減をやったら、経済はどうなるだろうか。

言うまでもなく、他の国にとっては、対米輸出が減ってしまう。したがって、デフレになることは目に見えている。

世界中がアメリカの砂上の楼閣に支えられて、見せかけの繁栄を築いているのだから、この砂上の楼閣が崩れれば、見せかけの繁栄も崩壊するのは当然であろう。

つまり、今までの状態はどうかというと、アメリカが無理して急膨脹したために世界中が引き上げられ、調子がよくなっているにすぎない。世界中がアメリカへの輸出を増やし、輸出主導による経済成長を享受しているにすぎないのである。

そのためにアメリカは巨額な国際収支赤字になっているのだ。

それなのに、不況にならないでアメリカの赤字を解消するというのは虫がよすぎる。アメリカが双子の赤字をなくすということは、世界の好況を支えてきたこれまでの無理をやめるということだから、世界経済が逆もどりすることは当然のことだ。不況に直面することは不可避である。

では、そうなった場合、日本の経済はどうなるだろうか。

いうまでもなく厳しい不況が起こるだろう。生産物の五割も六割もアメリカに輸出しているような企業は、これがいっぺんになくなるということだから、たとえ大企業であっても持ちこたえることは困難であろう。特に、アメリカ向けの輸出が永続するものと期待して設備投資を行い、給料も引き上げたというような企業はあぶない。

だから、アメリカ向け輸出に依存している企業でも、その輸出は三年か五年で終わるかもしれない、という覚悟をしておくべきだ。現在、たとえば生産物の半分は国内でさばき、残り半分の全量をアメリカに輸出していても、輸出分はいつカットしても生き残れる、という形にしておく必要がある。

それにしても、企業経営者にとってはレーガン大統領の経済政策は迷惑な話である。輸出の引き合いがあるから一生懸命に働いてその引き合いに応じた。相手が大盤振舞いしてどんどん買ってくれるから、期待に応えようとして設備投資をした。それなのに、その大盤振舞いで懐《ふところ》具合がおかしくなったと言って、今度は急にケチケチになる。あるいは、もう買わなくなる。

ある羽振りのよさそうな客がいて、毎日、料亭に行っては宴会をしていたとする。彼はこれからもずっと利用すると言ってくれる。だから料亭は庭の一部をつぶして特別の部屋を用意した。ところが、実はそのお客は借金して遊び回っていたため、借金とりに追われる立場になり、料亭で遊ぶどころではなくなってしまった。

こうなると、料亭は大損である。カネをかけて改造をしたのに無駄になってしまったからだ。カネを返してくれ、と言いたくなる心境であろう。

アメリカがもし輸入削減に出てきたら、日本の企業はこの料亭の立場に立たされる。これでは、設備投資の代金を補償しろと言いたくなるだろう。また、こういうあてはずれを産業界が恐れているから、なんとか不況を回避して問題が解決できないものかとあれこれ考え、ああでもない、こうでもないと言ったマト外れの議論が飛び出すのだろう。しかし、そういう方法はないのである。この際、覚悟すべきである。覚悟して、できるだけ早く方向を転換した方が利口というものだ。不況といっても、せいぜい四～五年前に戻るだけのことなのだから。

このような覚悟ができないところから今日の円高不況論が出てくる。円高だけで調整が終わるものと決めると、できるだけそれが小幅で早く安定することが望ましいということになる。

しかし、円高では調整は終わらない。ことに円高による調整は全体としての不均衡調整の一部にすぎない。そのために円高による調整はかえって事態をこじらせてしまうのである。

日本経済全体がそのため、大きな混乱を受けてしまうことになる。早く事態に即した調整、つまり輸出入の均衡回復の条件を見つけなければならない。

アメリカは強いという迷信を早く捨てよ

話は少し本論からはずれるが、日本にはせっかく外貨がたくさんあるのだから、これを使って設備投資や公共投資をすべきである、という議論がある。

いわく、これからハイテクの時代になると、工場立地は臨海ではなく内陸部などあちこちで可能になる。このための輸送手段は飛行機が最適である。だからこの際、日本は飛行場をもっとたくさんつくるべきだ。その点、アメリカは日本から借金したカネを使って、そういう技術革新に向けての体制整備を進めている。そのうち、アメリカの経済は再び強大になって浮上するだろう。これに対抗するには、今から投資活動をしておかなければならない――。

しかし、これは木を見て森を見ない議論にすぎない。確かにアメリカが現在やっていることで非常に進んでいるものはたくさんある。しかし、アメリカという国は膨大なのである。その膨大な経済がすべて進んでいるのかといえば、そうではない。

二億四千万人のアメリカ人の生活を支える経済そのものは、現実に大変な入超である。そういう入超の経済がどうして日本より強くなるのだろうか。

設備投資ひとつをとっても、GNPに占める割合では日本の方がはるかに高い。日本は一七パーセント台なのに対して、アメリカはわずかに一一パーセントにすぎない。一七パーセントも設備投資している国がどうして遅れるといえるのだろうか。

さらに、公共投資では、まえに触れたが、総額でさえアメリカの公共投資は日本より低いのである。したがって、GNPに占める割合では、アメリカは日本の四分の一から五分の一にすぎない。そのアメリカの社会資本が日本よりどんどん先に進むなどと、どうして言えるのだろうか。

実際は、アメリカの公共施設は補修不十分でどんどん悪くなっている。そういう現象が随所で見られるのである。

これは当たり前だ。国土面積が日本より二十四倍も広いところで、日本よりも公共投資の総額が少ないのだから、社会資本が充実するわけがない。一体、どこでよくなっているというのだろうか。ほんの特殊な一部分を見て、針小棒大に言っているにすぎない。

また、アメリカは輸入してでも生産力を高めるために先行投資している、という議論があるが、これもマトはずれだ。

輸入してでも、というのではなく、輸入せざるをえないのである。この点を忘れている。輸入せざるをえないような国がどうして輸出元より強くなるのだろうか。アメリカが設備を輸入するのは、その設備ができないからだ。あるいは出来ても性能が悪いからだ。ということは、そういう技術的な蓄積がないということになる。過去にはあったかもしれないが、マネーゲームに興じている間に、なくしてしまったのだ。

これに対して輸出している方には、アメリカでは作れないような優秀な設備が作れる、つまり、そういう設備をつくる能力がある。

それなのに、どうして輸入しているアメリカが輸出している日本に追いつき、追い越せるだろうか。

こう言うと、次のような反論があるだろう。日本だって、かつては技術が遅れていて、設備を輸入していたではないか。それなのに、今ではその輸出元の国より強くなっている。弟子は師を追い抜くことができるのだ、と。

なるほど、日本もかつては、自動車とか家庭電器をつくりはじめたころは、設備や部品が国内で作れないためにドイツやアメリカから輸入していた。その時代は、日本はアメリカやドイツよりたしかに弱かった。では、いつから日本が強くなったかというと、これらの部品を国内でつくれるようになってからである。また、設備も独自に工夫して作りはじめてからである。

したがって、もしアメリカが日本よりもさらに強くなりそうな気配があるとすれば、日本から輸入している設備や部品を国内でつくるようになっていなければならない。少なくとも現在は日本から輸入しているが、やがて全量をアメリカで作るんだ、という動きや意気込みがなければいけない。

また、アメリカの強さを強調するために、こういう言い方もなされている。それは、アメリカの設計は優れているから、出来あがった設備は非常に高度である。だからアメリカは強くなる、と。しかし、部品が弱くて日本から輸入しなければならない状態では、ひとたび日本の設計が高度化すれば、途端に日本はアメリカの上に行ってしまうだろう。

どうも、アメリカの強さを認めるのはいいが、あれこれ細かい現象をかき集めてきて、無理にアメリカは強いゾ、アメリカは強いゾと言っているような感じである。

また、アメリカ人も自分たちの問題を素直に見ようとはしないし、日本人が欠点を指摘すると、けしからん、などとかみつく。こういう根性だから、輸入超過は問題ではないと思ってみたり、財政赤字も問題とは思わないという妙なことになるのだ。

パックス・アメリカーナという迷信から早く抜け出すべきである。

第九章　個人生活は異常な膨脹以前の姿にもどる

これまでの生活はレーガンが大きく振り込んだ余禄と思え

これまで見てきたように、現在の経済状態は、アメリカの砂上の楼閣に築かれたものであるため、いずれは崩壊するしかない。ただ、その崩壊の仕方が、アメリカが現実を直視して冷静に経済政策の転換をはかり、その結果として虚構部分を取り去るか、それとも、このまま虚構に虚構を重ねる形にして、一挙にドカンとくずれるのを待つか、このどちらかであろう。

その影響は、言うまでもなく、冷静に政策転換した方が小さい。逆に、さらに虚構を重ねるなら、転落の衝撃が大きくなるし、その上、なんらの準備もできていないため、大きな混乱をきたすだろう。

どうせ逆戻りするのなら、個人の生活にとって前者の方が望ましいことは言うまでもない。

ところで、レーガン大統領が急に反省して、今から政策を転換し、大増税と歳出の大幅カットを断行し、輸入超過の撲滅に動いたとしたら、個人の生活はどうなるだろうか。

レーガン大統領が登場して、日本経済が異常に膨張したのは昭和五十八（一九八三）年から六十年にかけてである。その間に日本人の賃金はどのていど上昇したかというと、五十八年は四パーセント、五十九年も四パーセント、六十年五パーセントと、名目で一三パーセントから一五パーセントほど伸びている。

レーガノミックスが急転換したからといって、この上昇分が一度になくなるわけではない。うまくすれば横ばいがつづくだろう。しかしおそらく、今後五年から七年の間に、異常に伸びた分を圧縮するような調整が必要になってくる。そうでなければまともな状態にはならない。結局、長期にわたってグズグズと調整を続けることになろうか。

こう言うと、不況の長いトンネルを想像して、気分が滅入る人が多いかもしれない。しかし、モノは考えようだ。

これまでのベースアップはレーガン大統領の大盤振るまいだったと思えばよい。本当はそれほどカネはないのに、あるかのように自分も思い他人にも思わせておうように振舞ってきたが、そのカネは世界中から借りて来たカネであって、自分のカネではなかった。レーガンはもちろん、いつかは返せると思って、それを改めなければならないとは考えもしなかった。このため、さしものレーガンも事態の悪化に耐えかねて、とうとう根本的な解決策を考えなければならなくなったのである。ただそれだけのことである。

では全般的な経済状態はどうなるだろうか。そう悲観することもないようだ。

たとえば、輸出超過は自粛しますと言っても、仮りに輸出をこれまで増加した分だけカットして昭和五十七年の状態に戻したとしても、日本の経済はちゃんと成立する。当時も成立していたのだから当然である。

当時の国際収支はどうかというと、経常収支黒字は六十九億ドルで、GNPの〇・六パーセントである。それでちゃんとやっていたのだ。

もちろん、それほど良い状態ではなかったが、悪いと言えるほどでもなかった。その状態を少しずつでもよくする、というところで我慢すればそれでできるのだ。

もちろんこうは言っても、タイムマシンに乗って一瞬にして四〜五年前に戻れるわけではない。また、あちこちで混乱は起こるだろう。だから、四〜五年前がそれほど悪い状態ではなかったと言っても、それに戻るまでは苦痛である。

では、その間の経済状態はどうだろうか。それは、ショックの強度からいえば、石油ショック直後の状況よりも悪くない程度であろう。

そう心配したものでもない。あの当時は、要するにみんなが混乱して、ワケの分からないような状態をつくっただけだ。実際の経済活動はほんのわずか生産を落とした、という程度である。

混乱の主たる部分は、あわてたことである。特に、経済の将来について確信を失ったがために生じた混乱であった。だからトイレットペーパー騒ぎなどというバカ騒ぎが起こった。

したがって、当時より悪くはない状態は保持できるから、心配する理由はまったくない。石油危機というのは中東情勢という不確定要素がからんでいたが、今度は、レーガン大統領の経済政策によってアメリカの国民が実力以上の消費活動をしたことが原因で、元に戻るといっても、その異常膨脹部分がはげ落ちるだけである。だから、どこまで下がればよいか、そのラインがはっきりしている。

この点が質的に違う。どこに底があるのかと、不安になる必要はないからだ。

ところで、調整が終わったあとの経済の足取りはどうか。結論から言うと、石油ショック以降のように、経済が成長することはありえない。石油ショックを経験した昭和四十八年以降の経済成長はどうだったかというと、ヨーロッパは年平均で一パーセントから一・五パーセントである。この程度の伸びが九年間つづいた。

ではこの成長の背景には何があったか。それは、石油ショックをきっかけにした省エネルギー、省資源の技術改良がかなり急速に進行したことである。日本で言うと鉄鋼、電力、セメントなどの産業が徹底的に脱石油と省エネルギーを推し進めたのである。

しかし、これにはいくらなんでも限界がある。同じ調子で省エネルギーが進むわけがない。現在はすでに省エネルギーの歩みは終わった、限界まで進んだとみるべきである。したがって、今後の成長のペースは、現在のエネルギー供給の限界、現在の資源供給の限界で頭を押さえられる。もしこれからの消費ペースが早くなれば、たちまち天井に来てしまう。

しかも、これからは中国が急速に経済成長する。なにしろ十億人の人口だから、資源エネルギーの消費量は膨大になるだろう。とてもこれまでのように、ヨーロッパや日本などの先進国中心に資源、エネルギーを使いたい放題使えるということはなくなるだろう。

したがって、大局的に言うと、これからの成長はこれまでの成長率より低くはなっても高くはならない。そういう制約のもとで先進工業国は進むほかない、と思うべきだ。では、最近もてはやされる技術革新は経済成長に貢献しないのか、という疑問が当然出てくると思われる。

経済成長とは何であろうか。

まずイノベーションが起こって生産性が向上し、それによって付加価値生産性の高い就業機会が増える。そうすると、その新しい就業機会（産業）はより多くの生産物をつくり出すようになる。こうして生産が増える、つまりＧＮＰが増えるという状態、それが経済成長の実態である。

そして、世界全体として比較的順調に伸びる条件がそろっているときは、比較的に成長のペースが大きくなり、世界中にそういう条件がなければ、ペースは最低限度にとどまることになる。

また、貿易収支の点から言うと、収支ゼロ、つまり入超も出超もないという状態を仮定して、生産性向上分はどうなるか。生産性が向上した分だけ輸出はやりやすくなり、輸入はやりにくくなる。しかし、均衡状態にあるとき、経済はそういう方向には動かない。そこで、為替レートが上がるという状態で調整が起こる。なぜなら為替レートというのは元来、生産性単位あたりの賃金や所得の水準を均等化したところで均衡するものだからである。つまりは、生産性が向上した分だけ円高になるわけである。

そうすると輸出は減って輸入が増えるが、ドルの金額では同じだということになる。つまり、少なく輸出して多く輸入するという経済になる。ということは、普通の場合はそれだけ経済にとってプラスになるのである。もちろん、これは現在の円高状況とちがうことは言うまでもない。

たとえばエレクトロニクスが情報通信のイノベーションをもたらしているという人も多いが、その結果はマネーゲームを促進、横行させるのに終わっているだけである。

一方、バイオテクノロジーなどの技術も、まだ経済的には大きな意味は持たない。将来を見ても、医療の関係で生かされるなら病気の治療では今よりもっとよい方法が見つかるなどのメリットがあるだろうが、通常の経済問題とは異なる。農業生産の技術革新といっても、たとえば砂漠の緑化が早期にできるといった新しい技術が出てくれば、これは大きな変化をもたらすが、コメを増産できるといった程度のものでは、経済的に何ほどの意味もない。

そういうわけで、現在の異常な状態を調整し終わったあとも、経済成長はそれほど望めないのである。

日本がアメリカに貸したカネは取り戻せない

ところで話はもどるが、折角の外貨をアメリカになんか貸さないで、国内の設備投資や公共投資に振り向けるべきだ、という議論を展開する人がいることを前に述べたが、こういう人に対して、私はこう質問したい。

輸出超過によって稼ぎ、アメリカに貸しているカネは日本のものだと、あなたは本気で思っているのですか、と。

こういうと驚くかもしれないが、冷静に考えればすぐ分かることだ。

これまでも再三いったように、アメリカは世界中からカネを借りては、世界中にバラまいている。世界から集めてきたカネで現在のアメリカ経済は成りたっているのである。

日本の輸出超過というのは、そういう経済体制の中に生まれたにすぎない。

したがって、もし日本が自分で使うから貸しているカネを返してくれと言っても、アメリカには返すことは不可能だ。もし返せばその瞬間から経済が崩壊するからだ。だから、いまや日本は大変な資本輸出国になったなどと言われるが、その資本たるや、蜃気楼にすぎない。アメリカが輸入超過をやめたその瞬間に消えてしまう。

その点を錯覚しているから、国内で使えなどという議論が生まれる。

また、なんとか希望的にものごとを見たいのか、現在のアメリカの状態を、かつての大英帝国で起こっていた「帝国循環《インペリアル・サークル》」と同じだという人もいる。かつて、大英帝国は世界のカネをかき集めて繁栄を誇っていたのだが、今のアメリカもそうだというのである。

確かに形の上では、世界中のカネが集まり、アメリカ人は消費狂いになっているのだから、かつての大英帝国に似ている。しかし、もしアメリカがそういう状態を続ければ、どうなるだろうか。二億四千万人の人々が仕事もなくブラブラして、外国から借金したカネで輸入品を買って生活する。それで五年も十年もやっていけるだろうか。

すぐパンクしてしまうだろう。

では、大英帝国はどうだったのか。大英帝国は世界中に資本をバラまき、その利息や収益をかき集めていた。そのために現在のような停滞と経済の空洞化に陥ったのである。

しかし、そうは言っても、日本はちゃんと貸しているのだから、あくまで日本のカネだと主張する人は多いと思う。なにしろ、帳簿上ではそうなっているのだから、当然の声である。

しかし、もし本気になって日本が取り戻そうとすれば、大混乱が起こるに違いない。したがって、最もスムーズな解決策は日本がある段階で貸金を帳消しにすることだ。返さないでも結構です、ということにするのが最も混乱が起こりにくい。混迷するのは日本の金融界だけだ。

となれば、一番トクするのはアメリカだということになる。ただもうけである。放蕩の限りを尽くして、借金も棒引きなのだから。アメリカが自由世界を軍事的に支えているその報酬だと思って諦める以外にない。

アメリカが自由世界の防衛について主たる責任を負担する。その代わり世界の国々から分担金を徴収する。

日本のようにまったく自国防衛の責任を果たそうとしない国からは、それ相応の額を加算して徴収する。

そういうことであれば、現在のアメリカの輸入超過代金を棒引きにしても不当とはいえない。そういう考えをする人が日本人にも多いはずである。

これと同じようなことを徳川幕府がやったことがある。両替商からどんどんカネを借りて、最後は払えないといって払わなかった。両替商は幕府だからと信用して貸したつもりなのに、とんだ災難だったわけである。人間のやることはいつの世も、結局同じである。

借金とか金融資産というものは、本来そういうものである。

われわれ日本人は、通貨価値の安定について政府に信頼を置くように訓練されている。しかし、通貨価値の根底にあるものは今日では、政府そのものなのである。世界の通貨秩序を支えているものは、それぞれの国の政府と中央銀行が節度ある経済運営でその通貨に価値を与えることである。それがくずれてきたときにその通貨は価値を失う。

今日の通貨と金本位時代の通貨とのちがいは、そこにある。

アメリカが支払停止に出たとき、日本の金融界がせっせと貯め込んだ金融資産は無価値になってしまう。そのとき金融界に大きな混乱が起こることは避けられない。それをどう乗り切るか、銀行等の経営者の腕のみせどころであるが、同時に日本政府としても十分に覚悟して対処しなければならない。

株信仰がつくる株高現象はいつかくずれる

現在は異常に株式が高騰しているが、このブームに安易に乗っていてはやけどする。なぜなら、この動きは経済の実体を反映していない特殊な動きだからだ。株というものに対する一種の信仰が現在の株価を支えているにすぎない。これはドルの信仰と同じことだ。あるいは、もっと根強いかもしれない。

つまり、実体は何もないのに株は不滅です、という感覚がある。だから、実体というものは考えなくて、信仰の対象だけが取引されている。したがって一人歩きしているのだ。こういうわけで、株は背後の実体がどうなろうと関係なく、信仰があるかぎり生きていくのだが、その信仰もいつかはくずれるときがくる。

とくに最近は、ウォール街ではフューチャーとかいって株の先物取引がなされているが、こうなってはもうバクチだ。理屈もなにもない。単純なバクチをやっている。みんなが買わなくなったら一挙に暴落する裸の王様にすぎない。だから、今は株高で証券会社などはもうかっているだろうが、この状態はそう長つづきはしないだろう。

ところで前にも少し触れたが、巷間、昭和初期のような大恐慌がくるのではないか、という声が聞かれるが、恐慌は本当に来るだろうか。

確かに最近は恐慌を心配するような雰囲気が生まれてはいる。カネが一人歩きして経済活動を名目的にふくらませているからだ。株高現象もその一つだし土地の急激な高騰もその現れであろう。つまり、こういうものがカネを吸収して、全体の景気を維持しているような面がある。

しかし、それがくずれたとき、つまり、株神話や土地神話が崩壊したときには、経済の秩序全体が破壊されることがある。こうなると、流通秩序や信用秩序を中心とした経済秩序が混乱する危険がでてくる。

こうして、売りと買いの関係が混乱するため恐慌のような現象が起こるのである。つまり、経済全体は信用の輪でできている。信用でつながっているのである。信用があるからこそ、土地投機とか株式投機がおこなわれ、どんどんふくらんでいくのだ。しかし、その信用の輪が大きな部分で崩れると全体の信用の輪がくずれてしまう。だから、決済不能といった現象が出てくるわけである。したがって、この信用の輪がくずれそうなときに、くずれないように支えること、つまり金融秩序を維持するのが政府の仕事になってくる。

たとえば、山一証券の経営が行き詰まったとき（昭和四十年）は政府が乗り込んだし、平和相互銀行が危機に直面したときも、政府が仲人役をして住友銀行と合併させた。これらはすべて、信用秩序を維持するためにとった措置なのである。もちろん、こういうのは小さな問題だが、こういう小さな点をキチッとしておかなければ、全体の秩序に影響してくる。だから、政府が動くのである。

ところで、日本の政府はこういう信用の輪、つまり金融秩序を維持するためには細心の注意を払っている。だからどんな小さな銀行でも経営危機になるとすぐ乗り出すのだが、こういう状況にあっては、金融秩序が乱れるという心配はほとんどない。

というわけで国内で見るかぎりでは、信用秩序が崩壊して恐慌が起こるということはないだろう。

では、国際経済ではどうか。

最近では国際経済の場でも、IMF体制を中心にして、国際決済銀行とか世界銀行などがあり、国際協調体制はかなり進んでいる。そして、なんでも話し合いをして、秩序にほころびが生じないようにしている。この点は戦前とは比較にならないほど充実しているのである。したがって、国際経済の場においても信用秩序の面で大きなほころびが出てくる可能性はない。

だが、ただ一つだけ心配がある。

それは、アメリカの金融秩序がくずれる時である。アメリカで金融秩序がくずれたときはどうなるかだ。

しかし、アメリカ政府もそういう対策は十分に考えているようである。この点を考慮すると、かつての大恐慌のような大混乱は、発生しにくいと見るべきだろう。

それに、なにしろ問題は、経済の実体ではなくておカネだけの話である。このアブクのようなものの流通が一時的に混乱するにすぎない。

各個人はあまりマネーゲームにまどわされず堅実な生活設計をたてることだ。平凡で堅実な生きかた、それを続けるかぎり間違いはない。あまり欲の皮を張りすぎると豊田商事のような悪徳業者にだまされるのがオチである。

アメリカの占領政策の後遺症から抜けきれない日本人

これまで述べてきたように、今回の貿易摩擦問題は決して日本が引き起こしたのではなく、アメリカがタネをまいた。それなのにどうして、日本の政府も経済学者も、そういう点には目をつむって黙っているのか。あるいはむしろ、日本が悪い、日本が悪いと強調するのか。

これは日本がかつてアメリカに占領されていたことと関係がある。

戦後の日本の基本路線を敷いたのはアメリカである。もっと厳密に言えば、連合国軍最高司令部（ＧＨＱ）である。ＧＨＱはともかく日本に対してあらゆることができた。憲法であれ教育基本法であれ共産党の合法化であれ。中でも最も大きな変革は農地解放だった。日本人ではできないことをGHQは徹底的にやった。逆にいえば日本人は何一つやっていないのである。

では、その改革によってGHQは何をねらっていたかというと、それは日本の弱体化だ。二度と戦争などできないようにした。農業国で鉄も船もつくれない貧乏国にしておこうと思ったのだ。

もちろん、その後の世界情勢の変化によって、一億人以上の国民がいる日本という国を、自由主義体制を維持するために活用しないテはないという考えになり、方針が転換されて現在の繁栄につながるのだが、占領時代の尾骶骨《びていこつ》みたいなものは、現在でも残っている。かつての日本が不死鳥のようによみがえったというより、なんだかくずれた形でよみがえっている。

そのくずれた中でもっとも重要なことは、われわれの社会、われわれの経済を安定した望ましい形にするには、自分たちの汗と、場合によっては血を流さなければならない、という覚悟、そういう苦しみや犠牲に耐える覚悟と能力と意欲が必要であるという精神が、日本では非常に希薄になっていることだ。これは世界的な傾向だが、アメリカなどにはまだ残っている。しかし、日本には非常に欠如している。

これは、戦後の占領政策の影響ではあるが、それだけではない。基本的には、日本人の弱さ、迎合主義的な点も原因になっている。たとえば、占領軍という権威があると、それに唯々諾々として迎合し、占領軍のいう通りにやればよい、その通りにやるべきだ、方針はこんなだからそれをもっと徹底的にやろうじゃないか、というように突っ走る。

このようにして、終戦直後の日本は、ＧＨＱによる日本弱体化政策に自覚なしに協力して、自分自身を武装解除し、あえて自らを弱体化したのである。

その結果、あるいは〝成果〟として日本国憲法があり、教育基本法がある。また、そういう法律に基づいた国語国字問題についての改革がある。

つまり、これらはＧＨＱの日本弱体化政策の置き土産なのである。そして、戦後の日本は、この置き土産をもとにして政治や経済や文化活動を続けてきた。その中でとくに、アメリカが期待した以上に日本の伝統否定、伝統的な価値否定、日本人の自尊心の否定といったことを推進してきたのが日教組なのである。

その日教組が教育を支配してどうなったかというと、それは教育現場の荒廃である。教育現場が荒廃したことによって、児童教育に空白が生じ、日本人の考え方の弱さというものが生まれてきた。日本人として主体的にモノを考えることができなくなった。

たとえば、国旗を見てもなんの感動も起こさないのは日本人だけだといわれる。世界中の青少年を船に乗せて船上教育を行うといった行事が最近は多いが、他の国の子供たちは自国だけではなく他国の国旗が出てくるとピシッと直立不動になるのに対して、日本人だけはモヤモヤしている、というような状態である。

これでは、自分たちの国や社会を望ましいものにするために、汗を流したり、場合によっては血を流すという考えは出てこない。

貿易摩擦において、レーガン大統領が何かワッと言うと、中曾根首相はすぐピシッとして悪うございましたと言い、外国製品を国民一人百ドルずつ買おうなどという妙な提案をするのも、こういう占領政策と関係している。首相の心の中に、まだGHQに従属していた時の後遺症が残っているのである。これは、なにも首相だけではない。現代の日本人全体について言える。

経済問題に限っていえば、国民経済として経済をとらえるという視点がない。

それは、日本側に何が問題なのかをとらえる目がないということだ。すなわち、国民経済というもの、一億二千万人が生きていくための基本的な条件は何か、それを安定的に維持するための条件は何かという問題をキチンととらえて、その立場からキッチリと日本側の見解や立場を固める、という作業がなされていないのである。

しかし、これではいけない。交渉ごとにあたっては、相手の意見や立場に対抗できるこちらの意見や立場が確立していなければならない。たとえば、格闘競技でもチームプレーでもそうだ。こちらでちゃんと覚悟ができ、戦略的な構想ができないで、漫然とワッと突撃しても、ただもうメタメタにやられるだけであろう。

さらに、貿易摩擦問題には、日本側のアメリカに対する後ろめたさも関係している。

たとえば、防衛問題がそうだ。貿易摩擦となるとどうしても防衛問題との関連で考えるし、相手もその点を衝いてくる。ところが日本側は後ろめたいために、それを言われるとビクッときて、言いたいことの半分も言えなくなってしまう。

私は、だから防衛力を強化しろとは言わないが、少なくとも、この問題に対する態度をキチンと確立して、その相互関係を自覚しておれば、防衛は防衛、経済は経済だ、といえるはずだ。それがないからヘナヘナッとなってしまうのである。

このように、日米摩擦問題にはいろいろな要素がからんでいる。しかし、肝心なことは不必要に弱気にならず、また逆に感情的に激昂することなく、冷静に、論理的にアメリカを説得して、現在の異常な経済運営を改めるよう働きかけるほかない、ということだ。

ただし、その際、忘れてならない基本的な問題は、日本の一億二千万人の生活をどうするか、よりよい就業の機会を与えるにはどうすべきか、という点なのである。

解説——恐るべき予言の書

水木《みずき》　楊《よう》

下村さんが生きていたら、どうコメントするだろうか、と思うことがある。

下村さん、などという気安い呼び方をすることをお許し願いたい。というのも、経済記者をしていた頃、数人の仲間とともに、彼のところによく足を運んだからだ。「下村さん」とも、「博士」とも彼は呼ばれていた。博士詣では、四十数年前、昭和三十年代後半から始まり、亡くなるまで続いた。

なにか大きなことが起きると、下村さんは多言を弄することもなく、ずばりと解釈してくれた。意表をついてはいたが、よく考えると、事の本質をえぐる、明快な解釈だった。

いちばん驚いたのは、一九七一年（昭和四十六年）、ニクソン米大統領がドルと金との兌換制を停止したときだ。日本はもちろん世界中の株式が暴落したから、「ニクソン・ショック」の名がつく騒ぎとなった。

そのとき、下村さんは言ってのけたものだ。「これで、金などという鉱物の量に縛られることもなく、人間の英知によって、通貨の量を決定しうることになりました」

なるほど、と思った。目からうろことというのは、こういうことを言うのだろう。

昭和四十年代、卸売物価は安定しているのに、消費者物価ばかりが上がったことがあった。日銀は金融引き締めなどを検討していたが、下村さんは断言した。「上がっているのはサービス価格です。それだけ人間の価値が上がったのですから、心配いりません」

現在の混乱を、「百年に一度の津波」とグリーンスパンFRB（連邦準備制度理事会）前議長は言う。下村さんは、眼鏡の奥で、あのちょっといたずらっぽい、丸い瞳をくりくりさせながら、なんと解釈するだろうか、と思うのである。

実は、この本には下村さんが言うであろうポイントがいくつもちりばめられている。およそ二十年前に出版された本なのに、その先見性には驚嘆すべきものがあるのだ。のみならず、これから起きることを予見している部分もある。

その点に触れる前に、まず下村治という人物を簡単に紹介しなければならない。

生まれは明治四十三（一九一〇）年十一月、佐賀県。「武士道と云うは死ぬ事と見付けたり」の文言で知られる「葉隠」を生んだ土地柄で、彼の先祖である下村生運《しょううん》も、この葉隠の中に登場する。下村さんも葉隠の精神を誇りにしていた節があり、下村家の松葉の家紋を大事にしていた。

次男としての誕生だが、長男は夭折したので、事実上の長男となった。父は海軍将校だったから、自身も海軍を目指したが、蓄膿症を病み、断念。東大経済学部に進み、大蔵省（財務省の前身）に入省した。

当時の大蔵省では東大法学部卒業でなければ、権力争いのレースに加わることはできない。一歩引いたところで、専門知識を深め、経済政策の立案に加わったことが、後の下村治を世に送り出す結果となる。無駄口を一切利かぬから、同期生から付けられた仇名は、「退屈」。だが、彼らは下村さんを囲む勉強会を開き、経済問題のレクチャーを求めた。

下村さんがエコノミストとして頭角を現すのは、昭和二十年代後半のことだ。当時の日本経済は貿易収支が赤字基調の苦しい台所事情を抱え、外貨準備も十億ドル前後で終始していた。少しでも外貨準備が減ると、日銀は金融を引き締めて経済成長にブレーキをかけようとした。

ところが、下村さんは引き締めとは逆の金融緩和を求めたのである。その論拠は、成長の牽引力となっている設備投資は、翌年には生産力として現れる。だから、日本経済の供給力はゆとりができているのであり、それを満たすためには需要を抑制してはならないという主張だった。この生産力として現れる分を、設備投資の「産出効果」と名付け、緻密なデータ分析をして理論を組み立てた。

いまならどのシンクタンクも景気予測で使う方程式だが、当時、この点に気付いたのは経済学者であるR・F・ハロッド（英国）と、E・D・ドーマー（米国）の二人で、いまは成長理論の基礎として「ハロッド・ドーマー・モデル」と呼ばれている。だが、経済学者の宇沢弘文氏やエコノミストの金森久雄氏は、「もし下村さんが英語で論文を書いていたら、二人とともにノーベル賞をもらっただろう」と語っており、本来なら「ハロッド・ドーマー・下村モデル」と呼ばれるべきとしている。

この成長理論を引っ下げて、下村さんは昭和三十年代の半ば、池田勇人内閣の「所得倍増計画」を立案する。成長率は年率九％。十年で所得を倍増するという、野心的な計画だった。

現実の経済はどう推移したか。二倍どころか十年後四倍以上になったのだ。計画が経済を予測したというより、実体経済が計画を模倣して余りある結果をもたらした、と言った方がいいだろう。

一九七〇年代半ば、世界を襲ったのがオイル・ショックである。下村さんはなんとコメントするか聞きたかったが、物理的に困難だった。特派員としてロンドンに派遣されていたからだ。

ところが、国際会議に出席するため、下村さんの方からロンドンにやってきたのだ。ホテルに押しかけて見たら、下村さんは珍しく沈痛な顔をしていた。日本経済は石油という資源の供給に制約されて、成長を抑制せざるを得なくなると言うのだ。下村さんが「ゼロ成長論」を展開して、世間をアッといわせたのはこの直後のことだ。

だが、現実の経済はオイル・ショックを克服して再び成長路線に乗る。下村さんの見通しは外れた、と多くの人々が批判した。しかし、いま考えると、資源や環境が経済発展の制約条件になる今日の事態を、すでに予見していたと言えるのかもしれない。

この本の中で、下村さんは、「この一億二千万人に十分な雇用の機会を与え、できるだけ高い生活水準を確保する、これが国民経済の根本問題である」と述べている。他国の理不尽な要求に屈することなく、国民のための経済政策を展開せよと主張しているのだ。

野暮ったいことを言うようだが、「経済」が「経国済民」の略語であるからには、経済政策の根底に、国を愛したり憂えたりする精神がなければならない。そういう意味で、下村さんは優れたエコノミストであるだけではなく、その精神を有する国士であり、警世家だった。

昭和二十年代から三十年代、悲観的な経済見通しを展開する都留重人氏との論争の中で、下村さんは言い放つ。「日本経済についてありとあらゆる弱点を言いつのり、いまにも破局が訪れるような予言をする人々を見ていると、アンデルセンの醜いアヒルの子を思い出す。その人々は日本経済をアヒルか、アヒルの子と思っているのではないか。実際の日本経済は美しい白鳥となる特徴をいくつも備えているにもかかわらず」

下村さんの編み出した「産出効果」には、敗戦で意気消沈した日本を勇気付けるねらいが込められていた。逆に、石油高が狂乱物価を招き、国中が「列島改造論」で沸き立ったときには、日本の行く末を深く憂えていた。ゼロ成長論は、警世の思想でもあったのだ。

経済学は自然科学ではない。例えば、台風は来て欲しくないといくら願っても、自然の法則に従い、やってくる。だが、恐慌は人間の行動と、その奥にある心理によってもたらされる。株価が下がるとみなが思えば株を売りに走り、その結果として株価はさらに下がるのだ。だから、経済学者やエコノミストが自ら編み出した理論によって、人々に働きかけ、経済社会を少しでも良い状態に導こうとすることは、少しもおかしなことではない。

さて、この本である。出版された昭和六十二年（一九八七年）当時、米国では「ジャパン・バッシング」が盛んだった。米国の貿易収支が大幅な赤字を出しているのは、日本の行きすぎた貿易黒字のためだという主張が横行していたのである。これに応じて、日本国内でも、いかにして市場を開放するか、内需を拡大するかが世論の大勢となっていた。

このとき、下村さんは「日本は悪くない」との論理を展開したのだ。米国の貿易収支の赤字は「財政支出の異常な増加によって、水ぶくれの経済成長がもたらされ、輸入が急増しているからだ」と断ずる。また、米国の輸出が伸びないのは、「(米国の経営者が)血まみれになって産業を起こそうとか、維持しようという意気込みが弱い」からであり、「アメリカの経常収支が黒字になる可能性はないのである。そして逆に、これまでのように世界中のカネがアメリカに向かって順調に流れつづけるのかどうか、ということが問題にならざるをえない。そういう疑問がなにかの拍子に爆発するかもしれないのである。……ひとたび爆発すれば、世界経済に大きな打撃を与えるし、その後始末には大変な困難がつきまとう」と書いている。恐るべき予言ではないか。

こうも言う。「ドルの崩落はだらだらやって来るのではなく、一挙に、ドカンとやって来る……いずれはもうダダをこねられない時期がくる。それが破滅の時期なのである。否応なく姿勢を正さざるをえなくなる」

そして、その破滅は金融危機とともにやってくると述べている。まるでいまの米国経済の混乱を目撃しているかのような分析ではないか。のみならず、さらに戦慄すべき事態も予測する。

「アメリカにある日本の資産は支払停止を受けるに違いない。こういうと大袈裟に聞こえるだろうが、その可能性は非常に大きい」

詳しくは本文を読んでいただく方がいいだろう。ドルへの信用の失墜に対処するため、外国資産を凍結するくらいのことは、メンツさえ構わなければ、米国政府はいつでもできるし、事実、これまでもやってきたと言うのである。

では、日本はどうやって生きていけばいいのか。かつて、下村さんはぽつりとつぶやいたことがある。「これからの日本は江戸時代のような姿になるのがいい。文化とか芸術とか教養に力を入れる時代になるべきだ」

それしか言わなかったのだから、下村さんがどのような具体的なイメージを描いていたかは分からない。だが、いたずらに拡大主義に走るのではなく、他国に過度に依存するわけでもなく、成熟した文化の上に立った、落ち着いた、大人の国を造ってほしいという願いであったろう。

この本は、現代に生きる私たちに、重い宿題を投げかけてもいる。


（作家）

文春文庫

日本《にほん》は悪《わる》くない

悪《わる》いのはアメリカだ

定価はカバーに
表示してあります

2009年1月10日　第1刷

著　者　下《しも》村《むら》　治《おさむ》

発行者　村上和宏

発行所　株式会社　文藝春秋

東京都千代田区紀尾井町3-23　〒102-8008

TEL 03・3265・1211

文藝春秋ホームページ　http://www.bunshun.co.jp

文春ウェブ文庫　http://www.bunshunplaza.com

落丁、乱丁本は、お手数ですが小社製作部宛お送り下さい。送料小社負担でお取替致します。

印刷製本・凸版印刷

Printed in Japan

ISBN978-4-16-775366-5

石原慎太郎
国家なる幻影
わが政治への反回想（上下）
喜劇が悲劇であり、背信が誠実である政治の世界。暗闘、謀略、権力への欲望と無念の死。自ら関わったこの三十年間の政治の真相と人間の情念のドラマを、圧倒的な迫力で記した回想録。
い-24-3

石原慎太郎・田原総一朗
勝つ日本
さらば自民党・竹下型政治。アメリカ・中国の横暴を排し、制度疲労著しいこの国の混迷を救う戦略を探り、二十一世紀の日本の再生をめざす。真のリーダーと田原による白熱の大討議。
い-24-5

内橋克人
もうひとつの日本は可能だ
アメリカ追随、格差拡大、跋扈する市場原理主義——。これが私たちが望んだ日本の形なのか？「マネーではなく、人間こそが主人公の国へ！」。著者渾身の、警告と希望の書。（佐高信）
う-13-3

佐々淳行
わが上司　後藤田正晴
決断するペシミスト
「東大落城」から「あさま山荘事件」まで、激動の〝警察戦国時代〟を指揮した後藤田正晴は、良き上司として部下・佐々淳行をいかに叱責し、鍛え、凶悪重大犯罪と闘ったか。（的場順三）
さ-22-8

榊原英資
為替がわかれば世界がわかる
為替の現場には情報収集や整理、交渉の方法論につながる思考のヒントが満載。「ミスター円」がその経験から為替市場の読み方と考え方を平易に語る。新章「二一世紀のよみかた」を追加。
さ-42-1

榊原英資
経済の世界勢力図
繁栄の中心はアメリカからアジアに移りつつある。中国・インドを筆頭にして勃興する一大経済圏。日本をとりまく世界経済の大潮流を、「ミスター円」がやさしく解き明かす。（加藤暁子）
さ-42-2

（　）内は解説者。品切の節はご容赦下さい。

立花隆
政治と情念 権力・カネ・女
日本の政治はなぜここまでダメになってしまったのか。角栄と角栄以後の政治の流れと問題点を、権力とカネ、忠誠と裏切り、愛と嫉妬と憎しみまで、硬軟とりまぜて徹底解明した話題の書。
た-5-18

田中辰巳
そんな謝罪では会社が危ない
どうして企業はかくも謝罪がヘタなのか。雪印、森ビル、ダスキン、東芝……、豊富な事例を他山の石としながら、企業危機管理のプロが会社とあなたを救う究極の「お詫び術」を指南！
た-62-1

中西輝政
国まさに滅びんとす 英国史にみる日本の未来
衰退する日本。『大英帝国衰亡史』で毎日出版文化賞・山本七平賞を同時受賞した著者が、英国史に日本の未来を読みとく。二十一世紀を生き延びる国家再生のノウハウとは？（福田和也）
な-43-1

中西輝政
日本の「敵」
日本はなぜ、バブル崩壊以後、挫折し続けるのか。気鋭の国際政治学者が、戦後民主主義なる内なる敵こそ最大の難関であると喝破。大英帝国を例に、日本の再生を問いかける。（西村眞悟）
な-43-2

中西輝政
いま本当の危機が始まった
9・11を境に永遠に世界は変わってしまった。日本は、この「世界危機の時代」をどう生き延びていったらよいのか。常に国論をリードする著者が、日本の危機に再び挑む。（渡部昇一）
な-43-3

中西輝政
日本の「死」
小泉改革は戦後日本の「没落と死のセレモニー」の始まりだった。日本はすでに死んでいる——。北朝鮮、米国や中国との関係など日本の嘘と虚妄を気鋭の論客が一刀両断。（櫻井よしこ）
な-43-4

文春文庫　最新刊

春朗合わせ鏡　高橋克彦
北斎の鋭い観察眼が、江戸を騒がす難事件を解決する

まほろ駅前多田便利軒　三浦しをん
もと同級生二人の便利屋稼業。痛快で切ない直木賞受賞作

曾我兄弟の密命　天皇の刺客　高橋直樹
仇討ち兄弟の真の標的は頼朝だった！　壮大な歴史絵巻

空ばかり見ていた　吉田篤弘
旅する床屋をめぐるあたたかい十二の短篇

fantasia［ファンタジア］　高樹のぶ子
ヨーロッパの古い都市を舞台にした、六つの幻想的物語

宮尾本　平家物語　四　玄武之巻　宮尾登美子
栄華を極めた平家一門と幼い天皇の最期。華麗なる完結編

青い空　幕末キリシタン類族伝　上下　海老沢泰久
幕末の仏教堕落と明治維新の矛盾。日本人の信仰心とは

三年身籠る　唯野《ただの》未歩子《みあこ》
妊娠して三年たっても、冬子の子は生まれてこない……

円を創った男　小説・大隈重信　渡辺房男
江戸時代の複雑な貨幣制度を、「円」に統一するまでの苦闘

文楽のこころを語る　竹本住大夫
人間国宝その人がやさしく教える、十九演目の「文楽入門」

日本は悪くない　悪いのはアメリカだ　下村　治
戦後経済学の第一人者による、アメリカ発の経済危機の予言

病は脚《あし》から！　下半身を鍛えて病気しらず　石原結實《ゆうみ》
老化による下半身の筋肉落ちを防ぎ、万病を撃退

糖尿病専門医にまかせなさい　牧田善二
肉を食べて炭水化物を減らす、欧米式食事療法の薦め

歯はいのち！　気持ちよく噛めて身体が楽になる整体入門　笠茂《かさも》享久《たかひさ》
慢性的な体調不良の原因は、歯の噛み合わせの悪さだった

100歳になるための100の方法　未来への勇気ある挑戦　日野原重明
七十五歳からでも、新しいことは始められる

裁判長！これで執行猶予は甘くないすか　北尾トロ
裁判員制度導入を前に日本国民に贈る、爆笑の裁判傍聴記

脳のなかの文学　茂木健一郎
脳科学者が「クオリア」の概念を武器に斬りこむ新しい文学論

昭和天皇のお食事　渡辺　誠
昭和天皇に仕えた料理番が伝える、天皇のメニューと人物像

制服概論　酒井順子
日本人はなぜ制服に萌えるのか？

いい街すし紀行　里見真三　写真・飯窪敏彦
日本全国の名店と、一度は食べたい名物を、カラー写真で紹介

時の光の中で　劇団四季主宰者の戦後史　浅利慶太
戦後の演劇界に君臨し、すべてを見てきた男の証言

アドルフに告ぐ〈新装版〉1・2　手塚治虫
ナチスの興亡を背景に、日・独・イスラエル人のドラマを描く